AURÉLIE MARCHI

La Vénus se rebelle

LEDUC

Leduc s'engage pour une fabrication écoresponsable !
« Des livres pour mieux vivre », c'est la devise de notre maison. Et vivre mieux, c'est vivre en impactant positivement le monde qui nous entoure ! C'est pourquoi nous choisissons nos imprimeurs avec la plus grande attention pour que nos ouvrages soient imprimés sur du papier issu de forêts gérées durablement, et qu'ils parcourent le moins de kilomètres possible avant d'arriver dans vos mains ! Pour en savoir plus, rendez-vous sur notre site.

Suivi éditorial : Isabelle Chave
Correction : Marie-Laure Deveau
Maquette : Patrick Leleux PAO
Design de couverture : Constance Clavel

10, place des Cinq-Martyrs-du-Lycée-Buffon
75015 Paris – France
ISBN : 979-10-285-2083-0

Les lectrices ont aimé !

« À la croisée du témoignage et du documentaire, un véritable plaidoyer qui ne manque pas d'humour et de finesse ! »

Sandrine, de @coconutnsmile

« Une autrice avec du caractère et une poigne sans faille ! Une lecture féministe comme je les aime ! »

Valentine, de @melonivalentine

« Un hymne à la liberté, à la vie, au courage et à la confiance en soi. Libérez-vous enfin du regard des autres ! »

Aurélie, de @aurelivres57

« Un témoignage fort, révélateur et enrichissant. J'ai adoré cette lecture qui amène énormément de réflexions et de remises en question. »

Nikita, de @rdv.avec.moi.maime

« Son témoignage, très bien écrit, documenté et référencé m'a ouvert les yeux. Un texte très fort, puissant, courageux et nécessaire. »

Clara, de @lecturedepetiteplume

« Ce plaidoyer aux airs d'essai féministe est aussi rafraîchissant que révoltant. Lâchez-nous les cheveux ! »

Angélique, de @lesmotsdelune

« Une véritable ode à la liberté ! La plume fluide d'Aurélie Marchi saura vous emporter dans son aventure capillaire pas comme les autres. »

Julie, de @hashtaglecture

« Ce livre est inspirant, il nous donne la force et le courage d'accepter notre lumière. Gratitude pour cette découverte. »

Priya, de @creatrice_de_paillettes

« Coup de cœur ! L'acte, banal et intime, de se raser la tête soulève ici le voile de biens des schémas stéréotypés et devient un acte militant par nature. »

Julie, de @_._tiyoweh_._

« Un ton franc et agréable avec ses petites touches d'humour. Une lecture qui véhicule un message positif : que chacun soit libre de faire ce qu'il veut de son apparence, de sa vie. »

Joëlle, de @jolivre_

« Un livre qui prouve que sortir des cases est libérateur et inspirant et qu'il faut être prête à recevoir et accepter l'incompréhension des autres avec bienveillance et compassion. »

Nolwenn, de @nouvellenolwenn

« Quel parcours intéressant que celui de cette femme forte ! Un livre qui pousse à la réflexion dans bien des domaines. »

Constance, de @constance__rose

« Si l'idée ou l'envie de vous raser la tête trotte dans votre tête... foncez ! Ce témoignage vous aidera à coup sûr ! Merci Aurélie pour ce retour à soi et cette nouvelle perspective ! »

Marion, de @miaritz

« Qui a décrété que les femmes devaient avoir des cheveux ? C'est avec une plume légère, touchante et humoristique que Aurélie Marchi a su attiser ma curiosité. »

Pauline, de @cocondepaulo

« Tout au long du texte, mon regard était plongé dans celui de cette femme. Celle qui décide autrement. Celle qui se détache du poids des cheveux. Celle qui goûte la liberté courageusement. »

Audrey, de @bohemia.yoga

Chère Laurence,

j'espère être à la hauteur pour les touches d'humour : je suis toujours ravie d'avoir une bonne cliente !

Pour la question de mm, plusieurs chapitres répondront à la question la plus importante.

« Le superficiel, c'est le profond qui remonte à la surface. »
Jean Cocteau

Keep Calm &
Keep knitting

Aurélie H.

Le récit que vous vous apprêtez à dévorer fut finalisé avant les deux périodes de confinement en 2020. Vous n'y trouverez donc aucune référence, et pourtant ! Alors que cela ne nous était plus possible, tout un chacun·e se languissait de retourner chez son coiffeur ou sa coiffeuse. Jamais, nous n'avions autant parlé des cheveux, de leur importance dans nos vies. Preuve supplémentaire, s'il en est !

À LA RACINE OU UN MYSTÈRE INSOLUBLE

Comment ai-je pu en arriver là ? C'est juste, ça ? ! Comment cette idée farfelue est-elle venue se loger dans mon cerveau jusqu'à ne plus en sortir ? Mon souvenir de ce moment est bien flou. Un peu comme lorsque j'ouvre mes yeux myopes au réveil sans avoir pris le temps d'enfiler mes loupes. Je ne ressens que les vagues contours de cette lubie. Purée, mais qu'est-ce qui me prend ?

Ce matin, je me réveille et elle est là. Allez debout ! Il est l'heure de se lever pour aller travailler. Je passe à autre chose, la journée commence. Mais cette vague lueur traversant furtivement mon esprit va suffire à mettre le feu aux poudres.

Le premier réflexe face à une idée aussi terrifiante est de la chasser du revers de la main, de l'oublier vite, de l'enterrer encore plus vite qu'elle n'a fait surface. Il faut que je me raisonne ! Je me rends rapidement à l'évidence qu'il s'agit d'une pure folie, une extravagance comme tout le monde peut en avoir parfois. *Je ne vais quand même pas faire ça !* Plus j'étouffe cette envie au départ si insignifiante, plus elle revient à moi, elle enfle, grossit au point que je n'arrive plus à m'en défaire. Désormais, elle occupe toutes mes pensées conscientes et certainement inconscientes. Ce cher *Mister* Wilde avait donc raison : « Résistez [à la tentation] et votre âme se rend malade à force de se languir de ce qu'elle s'interdit[1]. » J'ai bien tenté de la faire taire. Mais elle revient, chaque fois plus ragaillardie encore quand je la repousse, plus efficace qu'un boomerang. Bon, même si cela me semble tabou et donc un peu terrifiant, je dois manifestement m'occuper de ce désir ardent.

J'assiste, impuissante, à la naissance de cette volonté sortie de nulle part, arrivée du jour au lendemain sans crier gare. Il ne s'agit, pourtant, ni de m'enfiler les trois Magnums© amandes qui m'attendent dans le tiroir du congélateur, ni de me venger d'un voisin trop bruyant et de mettre mes enceintes à fond un dimanche à cinq heures du mat'. Si Freud et Jung ne mettaient pas leur grain de sel partout, je réussirais même à me persuader qu'il n'y a rien de sexuel là-dedans. Il n'est en effet pas non plus question de tromper mon mari avec le premier *match*[2] Tinder venu. Voilà qui légitimerait toutes mes interrogations avant un passage à l'acte potentiel ! Mais non, ce n'est rien de tout cela.

« Fais-le, allez, vas-y ! Pourquoi repousses-tu l'idée, tu le sens bien que tu as envie ! » criait mon for intérieur. Cela devient aussi effrayant que cela est attirant. J'ai la pétoche, mais dans le même temps, si je m'interdis de le faire maintenant, je ne le ferai plus jamais. Oh et puis zut à la fin ! Ce serait tellement bête de ne pas connaître cela au moins une fois dans sa vie. À force de tergiversations, c'est ainsi qu'un dialogue interne s'est mis en place. « Écoute-toi », crié-je à cette autre partie de moi tentant de me ramener à une forme de raison. J'ai l'impression d'être spectatrice d'un débat d'entre deux tours aux élections

---

1. Citation extraite du roman d'Oscar Wilde *Le Portrait de Dorian Gay*, paru en 1891. Il commence notamment par une phrase bien plus connue : « Le meilleur moyen de se délivrer de la tentation, c'est d'y céder. »

2. Tinder est une application de rencontre. Un match est une correspondance entre le profil de deux utilisateurs ou utilisatrices.

présidentielles. C'est déjà bien difficile à regarder, alors à vivre ! Dans les premiers temps, je n'ose en parler à personne. *Personne* ne doit savoir, pas même mes proches. Jusqu'à ne plus tenir.

« Chéri... qu'est-ce que tu dirais si... si... je le faisais ? » Mon mari, mon homme, mon plus fidèle soutien dans toute sa majesté me répond ce laconique : « Bah... rien ! » Des semaines de torture intérieure à m'inquiéter des conséquences pour un « bah rien » ! J'aurais dû lui en parler plus tôt. En ferais-je des tonnes inutilement ? Si cela se trouve, ce ne sera pas si mal perçu que cela. Frédérik n'a rien eu à me dire de plus que : « Cela me fera bizarre, c'est certain. Et si tu m'en parles, c'est que tu sais déjà que tu vas le faire, alors je ne vais pas essayer de t'en dissuader. » Me connaît-il donc si bien ? Cette petite voix qui me répétait sans cesse : « Fais-le ! » se languissait de cette réaction de soutien de la part de mon époux. Tandis que l'autre, celle pétrifiée et qui ne se sent pas l'envergure d'assumer un tel acte attendait *le* discours dissuasif, quelque chose qui ressemble davantage à « Mais qu'est-ce qui ne va pas chez toi ? Tu es folle, quelle mouche t'a piquée ? », détestant pourtant du plus profond de mon être que l'on me parle ainsi. C'est bien pour cela que je tais mon projet depuis toutes ces semaines. Je crois que je ne pourrais pas accepter qu'on veuille m'influencer dans une voie qui n'est pas la *bonne*. Au plus profond, je sais ce que je dois faire, ce que je veux *vraiment* faire. Je suis tout simplement effrayée de ne pas me sentir épaulée. L'envie est si forte qu'elle prend peu à peu le pas sur la peur. J'ai parlé à celui dont je savais qu'il allait avoir *la bonne* réaction et ne pas contrecarrer ce chemin que je parcours seule depuis un moment déjà.

Libérée de cette forme d'autocensure, je me sens suffisamment ragaillardie pour évoquer mon dilemme avec mon acolyte de longue date, histoire de tâter le terrain à l'extérieur. J'espère aussi sincèrement qu'elle me comprendra, voire m'encouragera.

— Allô Céline ? Comment ça va ? Dis-moi, j'ai un truc qui me trotte dans la tête depuis plusieurs semaines et dont j'aimerais te parler. Que dirais-tu si demain tu me voyais arriver…

— Oh ! oui, s'exclama-t-elle, très enthousiaste. Ce serait amusant ! Ah ! mais attends… Son silence devient dur à supporter. Il faut toujours qu'il y ait un mais, évidemment. Je pense que…

Je passe du *bizarre* de mon époux à l'*amusant* de mon amie, quel progrès, c'est bon signe. Mais la conversation ne s'arrête pas là. Céline et moi papotons longuement, elle imagine les sensations que cela pourrait me procurer, elle compare ma situation à celle de quelques femmes célèbres l'ayant déjà *fait*, jusqu'à cette mise en garde : « Attends, certaines personnes pourraient penser que tu es malade ou dépressive ? » Cette phrase m'assomme, elle me tombe dessus comme un couperet. Céline marque un point. Sinon, pour quelles autres raisons garder le silence des semaines durant, cherchant à discréditer la partie de moi qui voulait faire « des folies » ? J'ai bien conscience que les gens vont parler. Malgré cette contrariété, je ne trouve encore aucun contre-argument valable à mes yeux. Le désir enfle, il prend de plus en plus de place.

J'ai du mal à comprendre. Pour autant que je sache, ce geste qui me hante n'est pas répréhensible d'un point de vue légal, même si je pressens bien deux ou trois *sine qua non* et quelques heurts. Tant pis. Déterminée, je suis prête à prendre le risque des ragots. Ils existent depuis la nuit des temps, je ne vois donc pas en quoi mon geste les arrêterait. Si certaines personnes se persuadent d'une vérité à mon sujet rien qu'en me voyant, que changera mon discours ? Je dois me résigner. Je suis prête à courir ce risque puisque j'en ai envie. Difficile de résister désormais, le processus est beaucoup trop enclenché. Il n'est plus temps de reculer.

Comment vais-je bien pouvoir procéder ? Quitte à me lancer, cela doit être mémorable, pas un truc à la sauvette entre deux rendez-vous, je compte m'en souvenir. Hors de question d'aller chez ma coiffeuse pour lui demander : « Bonjour, j'aimerais que vous me rasiez les cheveux s'il vous plaît. » Je veux vivre cette expérience jusqu'au bout, être actrice du moment ; je dois donc faire cela à ma manière. Oui, je le veux, mais on ne va pas se leurrer, je m'interroge toujours. Et si moi je m'interroge, que vont dire les gens lorsqu'ils me verront ? Ils me poseront des questions ! Forte de cette certitude, je dois préparer mon plaidoyer, déjà pour moi-même. J'étais certaine d'aller de l'avant, mais cela ne signifie pas pour autant que je suis une frondeuse, irréfléchie, une tête brûlée en friche !

TO BE OR NOT TO BE CHAUVE ?

Dès lors, mon cerveau ne cesse de turbiner. Toutes ces questions qui s'entrechoquent ! De quelle couleur sera la peau de ma tête sous les cheveux ? C'est vrai, ça ! Certes, je suis blanche, donc elle *devrait* être blanche. Il est cependant très probable qu'il y aurait une différence de teinte entre la peau de mon visage, elle voyant le soleil au quotidien (enfin, les UV… le soleil au quotidien, n'exagérons rien, je vis à Paris dans un appartement sans balcon) et la peau de mon crâne, recouverte par sa masse chevelue depuis mon tout premier jour. Il paraît même que mon père s'est fendu d'un « Oh ! elle a beaucoup de cheveux » à ma naissance. C'est dire si mon cuir chevelu devrait avoir la couleur de l'innocence et de la pureté absolue, lui vierge de tous rayons lumineux, possiblement blanc comme une merde de laitier. Voilà un résultat qui serait saugrenu ; j'allais avoir la tête Malabar© bigoût[1]. Comment vais-je faire pour gérer ça ? Nous sommes avant la belle saison, encore au printemps. La meilleure option me paraît d'attendre mes congés en juillet. Qu'est-ce que l'été changerait sur le printemps ? Me laisser du temps avant de passer à l'action me permet

1. Chewing-gum ayant un côté rose et un côté jaune.

d'abord de vérifier ma motivation. Si j'en ai toujours envie d'ici là, ça vaudra vraiment le coup de me lancer. Et, par ailleurs, si mon crâne s'avère trop blanc au point de rendre aveugle toute personne qui s'y contemple, il me suffira de l'exposer un petit peu chaque jour au soleil. Ouf ! je bénéficie d'un sursis d'au moins dix jours pour remédier au problème avant de retourner à ma vie sociale et professionnelle parisienne, et tenter de masquer ce fantasque décalage de teinte. Fustigez-moi autant que vous le souhaitez quant à la dangerosité de cette pensée. Je l'avoue volontiers, c'est totalement imbécile. Personne n'est parfait. Je tente encore de me rassurer comme je le peux. À savoir, tant bien que mal. Peu de temps m'a suffi pour revenir à la raison et comprendre que je vais devoir assumer ce que je trouverai sous les cheveux. Pour ne surtout pas commettre l'erreur de m'exposer comme un poulet à rôtir sur le tournebroche. Point numéro 1 évacué.

Ma tête sera-t-elle ronde ? La drôle d'affaire, comment un crâne peut-il être autrement que rond ? Mon interrogation est pourtant bien légitime : deux de mes ami·e·s ont le crâne plat. Et alors quoi ? Seuls les crânes bien ronds et sans cicatrices, sans bosses, sans imperfections auraient droit de cité, de se montrer au vu et au su de tous ? Cachez ce crâne plat que je ne saurais voir ! D'ailleurs, je ne savais même pas que cela était possible avant de les connaître. Cela porte même le doux nom de plagiocéphalie et possède une origine tout à fait connue. Dans les premiers mois de sa vie, le nourrisson a les os de la tête très minces et souples (heureusement du reste, car c'est aussi grâce à ces caractéristiques qu'il peut sortir du ventre de sa mère par les voies naturelles). Par conséquent, la position de l'enfant et sa variation régulière lors des premiers mois de sa vie sont primordiaux pour éviter à son crâne de subir des pressions systématiquement aux mêmes endroits.

Quoi qu'il en soit, en me penchant sur cette énigme, je me suis tâté le melon pour en découvrir toutes les circonvolutions. Ici, pas question de maturité ni d'orgueil, mais bien de rondeur. J'ai eu ce réflexe de le toucher partout afin d'en appréhender plus finement sa topographie. Si mon crâne est plat, ressentirai-je comme un *frein* à mon action ? Reviendrai-je alors sur ma décision ? Difficile de me faire une opinion, je n'ai jamais eu à faire ce type de constat. Verdict : de toute façon, il est rond. Pas rond comme un ballon de football ou de basketball, mais rond comme une tête peut l'être, avec ce léger retour bombé à l'arrière avant que la tête ne se prolonge en un cou. Une énigme résolue, la suivante me turlupine sur-le-champ.

Serais-je horriblement moche ? Et si cela ne m'allait pas du tout ? Si je m'enlaidissais au point de ne plus supporter mon reflet ? J'aurais alors tout le loisir de m'en vouloir, bonjour la culpabilité. J'incarnerais à la fois la victime et le bourreau. C'est toute la belle ironie de la chose, je décide donc j'assume les conséquences. Je suis loin de ressembler à Miss Univers, mais je ne me sens pas repoussante pour autant. Je ne souhaite pas non plus le devenir ni pour moi-même, ni pour mon entourage. Je ne suis pas tel le lapin de six semaines, je savais pertinemment quelles pourraient être les réactions à mon égard : « Elle est belle » ou « Elle est moche » ou encore « C'est hideux ». Sans aucun doute, le physique fait partie intégrante de cette inéluctable première impression. Alors je peux me voiler la face autant que je le désire avec des assertions comme : « La vraie beauté est intérieure », l'adage selon lequel il ne faut pas juger sur le seul critère du physique et toutes ces mièvreries culcul la praline. Quelle utopie ! La vérité de notre monde est bien plus froide, plus cruelle. La beauté, le physique, l'esthétique du résultat, voilà ce sur quoi se focalise le commun des mortels ! Intéressant, cette thématique de l'esthétique n'arrive pourtant qu'en troisième position de mon panthéon personnel des Grandes Interrogations. Et pour cause, je n'en suis pas à mon premier coup d'essai capillaire.

J'ai arrêté de compter le nombre de fois où j'ai changé de coupe de cheveux. Cela m'a donné un atout non négligeable dans ma quête de réponses. J'ai appris à appréhender le sujet du changement induit par un nouvel essai. Je m'en soucie, puis je laisse libre cours à ma précieuse imagination alliée à mon espièglerie. Cette fois-ci, certes, avec cette future coupe, je vais passer sans transition dans le grand bain et sans les brassards. Du carré mi-long, aux épaules et sans frange à... presque rien. Comment faire pour m'imaginer avec trois millimètres de cheveux ? Élémentaire mon cher Watson ! Je noue mes cheveux en queue-de-cheval. Grosse déception : on voit des cheveux longs qui se positionnent à plat sur tout le pourtour du visage. Non. Impossible de se projeter avec cette méthode. Je passe à l'observation scrupuleuse d'un autoportrait en cachant mes cheveux. Je concentre toute mon attention sur mon seul visage. Frustration ! Cette méthode n'est en rien plus efficace. L'évidence me frappe tout à coup.

C'est tout bonnement impossible. Inimaginable de savoir ce que sera mon crâne sans ce qui constitue sa perruque. Je dois accepter le risque, l'inconnu, l'incertitude la plus totale. Cela constitue tout le sel de l'aventure ! « Rappelle-toi le processus chaque fois que tu as changé de coupe ! » Je me suis déjà autorisé tellement « d'excentricités ». Lorsque j'étais étudiante, j'allais dans un salon de coiffure pour être modèle. Pour chaque nouvelle collection (soit tous les six mois, comme dans le prêt-à-porter), les coiffeurs et coiffeuses titulaires de cette célèbre chaîne française s'entraînaient sur des personnes et non des têtes à coiffer. La séance était coordonnée par une responsable de formation continue – fort heureusement – afin d'assurer le bon déroulement technique des opérations. Le tout gratuitement ; autant dire le saint Graal pour une jeune boursière en mal de changement de coiffure. Côté couleur, j'étais aussi servie ; tous les tons classiques y sont passés : brun, roux, méchés cuivre, et plusieurs autres teintes dont je ne connais même pas la dénomination. Cela devait ressembler à « rougeoyant sous le soleil de Saint-Tropez en fin d'été » ou encore « brun chaud comme les braises de cheminée en hiver ». J'ai même eu des boucles grâce à une permanente, tentant d'offrir du volume à mes cheveux fins et raides. Chaque expérimentation débouchait irrémédiablement sur ce scénario : après une période d'adaptation plus ou moins longue, et plus ou moins rude, je finissais par assumer, avec fierté, mon nouveau style. Je me félicite de cet énième essai que je m'apprête à tenter. Pourquoi en serait-il autrement cette fois ? *Sois déterminée !* Comme d'habitude en matière de chevelure, *fais-toi confiance* !

Et si cela ne me plaît pas ? Solution : je n'ai qu'à patienter en assumant ce choix radical pendant six à neuf mois le temps de retrouver un peu de longueur. C'est à la fois aussi compliqué et aussi simple que cela. Redonnons-leur la seule importance qu'ils devraient avoir dans nos vies : ce ne sont que des cheveux, ni plus ni moins ! Ils grandissent au rythme de 0,5 à 1 centimètre par mois environ. Je ne prends vraiment aucun risque. *Nada, niet, nicht.* J'adore ? Tant mieux. Je déteste ? J'ai des solutions. Pourquoi pas m'offrir une perruque, par exemple ? Cette solution serait, certes, temporaire mais elle soulagerait *a minima* mon tracas en attendant une repousse. Du moins j'ose l'espérer.

Que vont dire les gens ? Ah ! le sempiternel regard des autres. Cela va jaser ! J'en suis consciente, il sera bien difficile de m'y dérober, à moins de faire l'autruche. Que diront mes employeurs ? De façon tout à fait sérieuse, je ne suis pas seulement une femme qui s'interroge sur la métaphysique capillaire, j'ai aussi un métier. J'évolue dans un domaine faisant rarement place à la fantaisie et aux extravagances. Ma situation fait écho à ce vieux débat sur les tatouages, plus que jamais d'actualité. Peut-on être soi dans un métier d'apparence lorsque l'on ne se plie pas entièrement aux codes, qu'on ne souhaite pas toujours se contorsionner pour entrer dans un moule trop étroit ? Ne choquer personne par ses comportements ou ses opinions. À côté de cela, j'entends en permanence qu'il faut *en même temps* sortir du cadre. *Think out of the box*, comme on le demande à tout-va et dans toutes les professions de nos jours.

Mon employeur, le même depuis plusieurs années, semble satisfait de mon travail. Qu'adviendra-t-il de moi s'il me met au placard, pire encore, s'il me renvoie pour le motif : « s'est rasé le crâne » ? Je doute fortement que pareil cas soit envisageable devant le tribunal des prud'hommes. Alors j'ai opté pour un raisonnement par l'absurde. Si je subissais ma perte de cheveux, m'aurait-il renvoyée pour autant ? Il n'oserait pas me licencier si j'étais malade ! Et pourtant si, c'est possible ! Les rubriques « faits de société » relatent trop souvent des cas de mise à l'écart, voire de licenciement, à la suite d'une maladie[1]. Cette vérité glaçante est encore bien méconnue. C'est dire le degré de fraîcheur avec lequel j'appréhende cette affaire. Ma réponse définitive à cette question est donc « non », mon entreprise ne pourra pas me limoger juste parce que j'ai changé de look !

Ça y est, je suis prête ! Je me sens solide, j'ai construit ma confiance, brique par brique, et j'ai cimenté le tout à la chaux. Je n'ai pas réussi à recueillir un seul argument suffisamment fort à mes yeux pour ne pas laisser libre cours à mon envie. Toutes ces semaines de torture intellectuelle auront au moins servi à cela : sauter le pas. Finalement, ça vaut la peine d'hésiter ! Au moins, je ne me sentirai pas bredouille devant celles et ceux qui me poseront les mêmes questions. C'est déjà ça de gagné.

En définitive, je suis faible, une petite joueuse qui prend zéro risque : les cheveux, comme tous les poils humains — sauf maladie ou cas très spécifiques — repoussent, encore et encore. Ils ont même cette faculté extraordinaire de ne pas se décomposer une fois coupés. Quelques mois après mon mariage et parce que j'allais cette fois passer de très longs à « juste » courts (quand je disais que je n'étais pas

1. *https://www.pourquoidocteur.fr/Articles/Question-d-actu/27312-Pas-chimio-boulot-Anne-mise-au-placard-employeur-cause-d-un-cancer-sein.* Ce fut également le cas pour l'influenceuse instagrameuse et mannequin, Anna, alias Disruptive Beauté, atteinte d'alopécie universalis et qui fut licenciée alors qu'elle tentait de cacher sa pelade grâce à un foulard. https://www.gala.fr/beaute/tendances_beaute/disruptive-beaute-jaimerais-que-la-difference-devienne-une-norme_454637

à mon coup d'essai), mon coiffeur m'avait offert mes cheveux coupés, noués en queue-de-cheval. Je les conserve précieusement emballés dans ce même papier de soie qu'il y a plus de dix ans, tenus secret dans le fond de mon tiroir. Ils sentent cette douce odeur de shampoing mêlé à mon parfum, la même odeur que ce jour-là.

À côté de toutes mes tergiversations finalement balayées, je sais d'emblée comment je compte procéder. Ma mère a toujours coiffé mon père et mes deux frères à domicile à l'aide d'une tondeuse à cheveux, et ce bien que ce ne soit pas son métier. En y réfléchissant avec attention, ça allait être d'une simplicité enfantine. Contrairement à une coupe très travaillée et structurée, je n'ai qu'à tout couper au plus court et *basta così*. Le même sabot sur l'ensemble du crâne. Mon programme se précise. Je vais opérer avec une tondeuse, sur mon prochain lieu de villégiature dans le sud de la France, dans trois mois. Trois mois ? L'attente promet d'être longue, très longue. Je trépigne d'ores et déjà de mettre mon plan à exécution. Sans en parler à personne d'autre que mes deux comparses. La période du supplice de la patience commence. Je garde pourtant secret mon projet jusqu'à ce jour d'été.

L'EXCITATION DES VACANCES

Aaaah ! le légendaire départ en vacances ! Qui ne les attend pas avec une impatience difficile à canaliser ? Planifiées plus ou moins longtemps avant le jour du départ, que l'endroit soit déjà connu ou non, c'est le grand chambardement. Cette année, elles ont une saveur toute particulière. Remplissage méticuleux des valises afin de ne rien oublier et, en l'occurrence, surtout pas ma tondeuse spéciale maillot, qui va servir un tout autre dessein. Cette minitondeuse, que je possède depuis quelques années, fonctionne avec deux piles LR03/AAA, à ne surtout pas oublier non plus. Si elle parvient à me couper les poils de la zone que l'on appelle avec pudibonderie « le maillot », ou plus simplement mes poils pubiens, qui sont avec certitude bien plus épais que mes petits cheveux fins, elle devrait faire le job. Après tout, j'y ai déjà réfléchi, j'ai une tondeuse, je n'ai pas besoin d'en acheter une nouvelle. Je pense maintenant aux vêtements légers, à mes crèmes bronzantes et bien entendu à mes lunettes de soleil ! On charge la voiture en faisant en sorte que le coffre puisse se fermer, on prépare les playlists qui nous feront oublier les dix heures de route (sans oublier les *bonus tracks* en cas d'embouteillages). Bref, c'est le pied. Les vacances sont enfin arrivées.

Pour ma part, le dernier jour de travail avant les congés – j'entends par congés toute période de plus d'une semaine – je suis insupportable. Un vrai petit démon d'impatience. Exécrable pour moi-même d'abord et bien davantage pour les autres. J'appelle cela le « syndrome prédétente ». Plus on approche du moment fatidique et plus la pression qui veut s'échapper est difficile à contenir, effet soupape de Cocotte-Minute garanti. Généralement, on est à bout depuis plusieurs semaines déjà mais il faut tenir bon, encore quelques petits moments. Puis, la délivrance arrive et permet l'évacuation de tout le stress accumulé. Cela se traduit chez moi par une surexcitation permanente, allant crescendo depuis une semaine avant le départ jusqu'au dernier soir de travail.

Nous sommes vendredi, veille de départ. Dès le matin, je suis comme montée sur ressort. Une boîte à diable. La capacité de concentration d'un jeune golden retriever, la moindre occasion devient prétexte à rire comme jamais. Ajoutez à cela les quelques doses quotidiennes de caféine absorbées comme il se doit avec mes collègues, et vous obtiendrez la puce, la pile électrique que je peux être le jour précédant mes congés. Tous les collègues m'ayant côtoyée en ce type de journée le savent, je suis intenable. Comme sous drogue, mais sans drogue – tellement plus économique et bien meilleur pour la santé. Sauf qu'à cet instant, je suis la seule à connaître ma manigance : mes collègues me voient pour la dernière fois avec des cheveux. Cette pensée possède la faculté magique de décupler mon agitation habituelle. Je ris sous cape. Mes au revoir, le soir venu, ont un petit goût de jouissance.

« Profitez bien, toi et ton mari ! » « Passez de belles vacances ! » Je détiens un secret que je ne dois pas révéler. Cette connivence avec mon moi intérieur me contente au plus haut point. Je me délecte de savoir ce qu'ils ignorent et qui n'a sûrement aucune importance pour eux d'ailleurs. Je ne le fais pas pour m'amuser de leurs réactions et, pourtant, je ne peux m'empêcher d'avoir le sourire jusqu'aux oreilles. Ils me voient avec une coupe au carré qui descend jusqu'à la nuque pour la dernière fois. Le simple fait d'aller en vacances me rend nerveuse et fébrile, couplez à cela le cocktail pause et tondeuse au soleil, et le tachymètre explose. Vite, vite, je plie bagage, donne les dernières informations sur les dossiers à ma cliente, et je cours, que dis-je, je vole vers les vacances. Non. Avant de voler, je reviens sur terre, prends le métro pour me rendre chez le loueur automobile. Oh là ! Oh là ! Jolly Jumper. Tout doux, tout doux !

Je suis si impatiente d'arriver sur mon lieu de villégiature et de me détendre à la chaleur du soleil du Vaucluse, mais pas uniquement. Depuis des mois que ce projet fantastique a colonisé mon cerveau, depuis que je sais que cela va se produire là-bas, en vacances, ma seule hâte est maintenant de *le* faire. C'est bien souvent le même processus lorsque l'on attend qu'un événement se produise. Nous déployons tant de ressources pour être capables de patienter le temps nécessaire : des mois, des semaines, des jours, des nuits, des heures, des minutes, tandis que les dernières secondes sont les plus insoutenables. Est inhumain·e celui ou celle qui me rétorque : « Tu as déjà patienté X mois, X semaines, tu peux bien attendre quelques instants de plus ! » Ce sont ces derniers instants qui constituent *le* supplice absolu. J'ai été sage toute l'année, je veux ouvrir mes cadeaux !

La nuit promet d'être courte. Partir de Paris pour rejoindre le Luberon un samedi de juillet… Quelle mauvaise idée ! Bison Futé le sait mieux que quiconque, nous risquons de voir rouge, même noir. Alors nous nous levons très tôt pour que je commence à enfiler les kilomètres. C'est aussi pour cela que j'adore les vacances, car je conduis. Une route, nos musiques préférées sur lesquelles je donne un concert privé à mes plus grands fans, mes copilotes de la première heure : mon mari en passager avant et mon chien à l'arrière. *On the road again.* C'est parti ! En route mauvaise troupe ! En avant Guingamp ! « Vacances, j'oublie tout. »

J'ai tellement hâte d'arriver, j'en radote. Qu'est-ce que c'était loooong ! Mais agréable au moins. Et j'ai même pris le temps de penser à m'amuser. Juste avant de reprendre la route après une indispensable pause sur une aire d'autoroute, j'ai envoyé un selfie de groupe depuis l'habitacle, avec mon homme, mon toutou en arrière-plan et moi-même, tous avec un grand sourire — oui je vous l'assure, mon corgi de chien donne très souvent l'impression qu'il sourit — à un proche collègue et néanmoins ami. Je n'ai plus souvenir de la légende que j'ai apposée au bas de la photo. Mais déjà en le saluant la veille, je lui avais glissé une phrase à l'oreille, avec un petit ton de connivence, laissant sous-entendre que quelque chose se tramait… Mais quoi donc ? Comment pourrait-il penser à cela ? C'est impossible et c'est tant mieux. Je m'amuse de la situation en prévision de ce que sera sa réaction le jour où nous allons nous revoir, à son propre retour de vacances en août prochain. Je pense au plus profond de moi : « Sur ce cliché, il pourra voir que j'ai *encore* des cheveux. »

Les kilomètres s'enchaînent, les paysages défilent, mais de moins en moins rapidement à mesure que nous approchons de notre destination. Et enfin, après ces interminables onze heures de route, nous arrivons à notre havre de paix, épuisés mais satisfaits. Accueil par le propriétaire, inspection des lieux, discussion sur les commerces et lieux du quartier, signatures de la paperasse et coordination pour le départ, auquel il faut déjà penser. Déchargement de la voiture : comment un si petit coffre a-t-il pu contenir autant d'affaires ? La faim se fait vite sentir et nous décidons d'aller faire quelques courses puisque, par chance, nous sommes arrivés avant l'heure habituelle de fermeture du supermarché d'à côté.

De nouveau chargement et déchargement du coffre, puis cuisson express d'un frichti. Nous sommes enfin en repos bien mérité, dans une superbe maison avec piscine, dans une splendide région baignée de soleil, avec des prévisions météorologiques idylliques.

Tout peut commencer.

MASSACRE À LA TONDEUSE

Dimanche.

Le *D-Day*.

Ce sera *aujourd'hui*.

Silence !

Je savoure mon réveil, sans bip strident mais au rythme du lever de soleil, bien plus généreux dans le sud de la France. J'anticipe avec délectation mon petit déjeuner dans le jardin. Mon plaisir ultime lors des vacances, lorsque je quitte le confinement de mon petit appartement parisien : manger à l'air libre, un déjeuner sur l'herbe. Siroter mon café en regardant les oiseaux sur la pelouse, mon chien tout heureux d'être à l'extérieur lui aussi. Sentir dès huit heures du matin la chaleur intense des jeunes rayons du soleil sur la peau, laissant présager un après-midi brûlant. Je profite, lascive, de cet instant. Le premier petit déjeuner des vacances, c'est sacré. Le ciel bleu est si profond. Comment un même ciel peut-il être si clair à Paris et dans le même temps d'un bleu vif dans le Lubéron ? Je prends un second café, remonte les jambes sur ma chaise et profite de la belle vue sur le jardin. Je me sens si bien, détendue. Je fais traîner le moment, m'en délecte. Il n'est plus temps de reculer. Je bois ma dernière gorgée, dépose ma tasse, déplie mes jambes et me lève d'un bond.

Tondeuse !

« Allez, c'est parti ! »

Je me tourne vers mon homme, les yeux pleins de malice. Il faut se préparer, le moment fatidique tant attendu est arrivé. Je l'attends car il le sait, je vais avoir besoin de lui. Je cours chercher l'instrument du crime dans ma trousse de toilette rangée dans la salle de bains. Je me positionne face au miroir, toujours en tenue de nuit, la tondeuse à la main.

— Chéri, tu viens ?

— On ne va pas faire cela ici ! Faisons-le dehors, ce sera plus simple à nettoyer par la suite.

— Oui, mais je ne verrai rien, je veux avoir un miroir !

— Pas besoin de te voir, je m'en occupe, allez, viens te dis-je !

Lorsque j'ai réfléchi au lieu et à la méthode, je n'avais pas considéré jusqu'à ce niveau de détails extrêmes de l'endroit précis où j'allais œuvrer. « Gouverner, c'est prévoir. » Nous voilà mal embarqués ! Convaincue par l'argument pragmatique de mon mari et en même temps un peu frustrée de ne pouvoir observer le processus en même temps que de le vivre, je le suis à l'extérieur. Nous nous installons sur la terrasse.

— Je reste debout ? Je m'assois, qu'est-ce que tu préfères ?

— Ni l'un ni l'autre pour le moment. Reste debout et penche un peu la tête vers moi s'il te plaît.

— Tu as déjà fait ça ? tandis que mon assurance vacille très légèrement.

— Évidemment, oui ! me répond-il de sa voix la plus ironique. Bien sûr que non, je n'ai jamais fait ça. Tu en as d'autres des questions comme celles-ci ? tout en me souriant gentiment. Allez, penche la tête !

— Attends, attends. À quelle longueur vas-tu mettre le sabot ?

C'est fou comme ma détermination s'effrite tout à coup. J'ai réfléchi à beaucoup de choses, où, quand, comment, ce que tous les autres vont penser. Et encore tellement plus. Pourtant, les détails les plus déterminants pour assouvir mon objectif de coupe de tifs – à savoir la taille exacte du sabot, que tchi. Que dalle. Cela ne m'a même pas traversé l'esprit. Au plus court certes, mais une fois devant l'engin, j'ai quelques hésitations : 6 millimètres (ça me paraît déjà bien court !), 5, 3, 2, 1 ?

— Trois millimètres ? ! On utilise le sabot de trois millimètres, qu'est-ce que tu en penses ?

Moteur !

Il enclenche le bouton marche. Clic. C'est le moment, j'y suis ! *Bbvvzzz.* Le bruit tant attendu de *trimming* de la tondeuse se rapproche doucement de mon oreille. Plus possible de faire marche arrière, comme si je me trouvais au bord de la plateforme avant de sauter à l'élastique. Je respire un grand coup avant de bloquer. *Bbvvzzz.* Impact. Cela me chatouille la tête. Je pouffe à la découverte de cette nouvelle sensation, la légère vibration qui se répercute et voyage sur l'ensemble de ma boîte crânienne.

— N'appuie pas trop, hein, ne me coupe pas !

— Ne t'en fais pas, je doute que cela puisse arriver.

Le ton ironique de sa réponse ne me dit rien qui vaille. Je sens la tondeuse changer de direction. Partie du sommet de ma tête, elle se déporte en arrière, mais de façon discontinue, sans m'effleurer, entre les points de départ et d'arrivée. Intriguée, je demande à mon complice de toujours :

— Pourquoi tu ne fais pas glisser la tondeuse pour couper au lieu de changer d'endroit ?

— Reste tranquille, je fais ce que je peux, cela ne coupe pas bien du tout.

Bourrage cheveux. Si fins soient-ils, leur présence en trop grand nombre a suffi à venir à bout de ma petite tondeuse *bikini,* comme l'avait si bien nommée son fabricant. Une tondeuse *bikini,* pas cheveux donc !

— Laisse tomber, ça ne fonctionne pas.

Je relève alors la tête et je vois mon homme qui glousse en se mettant la main sur la bouche pour essayer de retenir son fou rire.

— Qu'est-ce qu'il y a ?

— Va voir dans le miroir.

Je cours dans la maison, traverse le salon, la chambre, pour rejoindre la salle de bains et constater de mes propres yeux. C'est une vraie boucherie capillaire, un massacre à la tondeuse. Une dinde mal déplumée.

Effectivement, j'ai toujours mes cheveux, mais deux petites zones trouées, clairsemées sont apparues. Avec cette curieuse impression qu'un être furieux a arraché des touffes. Rien à voir avec une coupure nette et franche comme j'ai pu l'imaginer. Cela ne ressemble absolument pas au résultat escompté. Bien loin de là. Allô Houston ? On a un problème. *J'ai* un gros problème, dont je ris, certes, mais qui reste un problème. Autant d'amateurisme, je ne peux que me moquer de moi-même à la vue du résultat.

D'un pas assuré, je retourne dans le salon, attrape mon sac à main pour y prendre les clés de la voiture. J'enfile une tenue plus adaptée à une sortie et je m'empresse de monter dans la petite Fiat de location.

Frédérik me regarde sortir, interloqué. Je le comprends bien, mais je ne peux pas rester comme cela. Je dois trouver une solution : il est onze heures un dimanche matin dans ce petit bourg du sud de la France.

— Où vas-tu comme ça ? me demande-t-il avec de la défiance dans le regard.

— Hier soir quand on faisait les courses, j'ai repéré que le supermarché était ouvert le dimanche matin. Je fonce avant que cela ne ferme. Prie pour qu'ils aient des tondeuses à cheveux.

— Oui, d'accord mais… pas comme ça ! dit-il tout en indiquant, d'un geste de la main, son cuir chevelu. Mets une casquette, un chapeau, ce que tu veux, sinon tout le monde va te regarder de travers.

Fou rire général. J'en avais déjà oublié le choc devant mon miroir. Demi-tour à la maison, casquette vissée sur le crâne pour masquer les affres de mon inexpérience et, hop ! direction le supermarché.

J'arrive plus déterminée que jamais sur le parking. Je marche vite, tel.le un Parisien ou une Parisienne trop pressé·e de monter dans le métro alors que le suivant arrivera deux minutes plus tard. Fort heureusement pour tous les usagers, les allées du magasin sont bien plus larges que les couloirs du métro, je ne bouscule personne dans ma course effrénée. Avec cette interrogation majeure en tête : « Vais-je trouver une tondeuse à cheveux au supermarché et si oui, à quel prix ? » Qui dit appareil de beauté type épilateur ou autre, dit tout de suite une centaine d'euros à claquer pour réparer ma bêtise. Une telle dépense non planifiée alors que nous commençons tout juste les vacances, c'est la tuile. Quelle imbécile je fais, je m'en veux déjà.

Avec frénésie, je cherche du regard le haut des rayons pour trouver mon chemin dans ce dédale que je parcours seulement pour la seconde fois. Enfin, me voilà arrivée au rayon du petit électroménager ! Je passe les bouilloires et autres grille-pain, peu utiles dans mon cas. Ouf, il y en a ! Une offre pléthorique dont je n'aurais osé rêver. Plus d'une dizaine de modèles différents. Tous dans une superbe armoire vitrée fermée à clé. Je ne savais pas que ces appareils attiraient autant les convoitises ! Comment faire mon choix ? Je ne me suis pas encore intéressée, ni de près ni de loin, aux caractéristiques techniques nécessaires au bon fonctionnement d'une tondeuse à cheveux dans ma situation. Je veux juste une tondeuse qui coupe bien, pas comme ma crotte de petit jouet. Je me penche attentivement sur chacune des propositions qu'elles offrent.

Je ne vois que des hommes avec des barbes plus ou moins longues sur les emballages : vais-je parvenir à couper mes cheveux de fille avec cela ? Oui, je peux le faire ! *Yes, I can* si je dois parodier Monsieur Obama. Je crois en mes capacités, cela devrait aller. Après une étude de marché plus ou moins poussée, mon choix se porte sur un appareil de gamme intermédiaire, censé couper les cheveux et la barbe. M'en voilà ravie, mon cher époux ayant une belle barbe drue, il n'aura pas tout perdu. Nous partagions déjà la même brosse à cheveux, alors pourquoi pas une tondeuse.

Ma casquette et moi allons chercher un vendeur ou une vendeuse afin de sortir le précieux objet de sa prison antivol. Passage en caisse express, garantie éditée, je repars toujours aussi rapidement que je suis arrivée, à la maison. Quelques minutes suffisent pour rentrer. Je manœuvre le véhicule dans l'allée qui mène au jardin, avec un air de triomphe à peine dissimulé. Mon homme m'attend dans un transat, un livre à la main.

Je sors de l'habitacle, mon paquet sous le bras. Je le brandis alors vers le ciel dans un mouvement théâtral. « Gloriaaaaa ! » J'enlève ma casquette.

— Allez, amour, il est l'heure de terminer ce que nous avons commencé.

Et de la même manière que quelques minutes auparavant, mon coiffeur en herbe enclenche son nouvel outil. ***Bbbbbbvvvvvzzzzz.*** Ah oui ! Beaucoup mieux, nous sommes entrés dans la modernité ! La tondeuse ne fait qu'une bouchée de la touffe saisie. Une belle coupe franche, nette, les cheveux tombent au sol par paquet.

— Eh oui, avec le matériel adapté, cela va beaucoup mieux. C'est sans commune mesure.

En moins de temps qu'il n'en a fallu pour acheter la tondeuse et revenir, l'affaire est faite. Après avoir réfléchi, hésité, choisi, décidé du moment, fait face aux aléas, j'ai enfin ma nouvelle coupe. Je suis légère, toujours la même et aussi un peu différente.

BAIN DE MINUIT

Action !

Vous est-il déjà arrivé de succomber au plaisir de vous baigner nu·e[1] ? Que ce soit en vacances justement, au bord de la mer, à la nuit tombée loin des regards ou dans une piscine sans aucun petit pull marine[2]. Comme cela, juste pour essayer parce qu'il n'y a pas dc vis-à-vis et que vous êtes seul·e. Après tout, nous sommes toutes et tous né·e·s nu·e·s, alors pourquoi pas ? C'est le bon moment, il n'y a personne. Vous regardez autour de vous pour bien vous en assurer et, hop, à l'eau ! Une expérience sensorielle totalement inédite.

Mes premières sensations nue dans l'eau étaient très étranges. Mes seins devenaient fous, comme s'ils avaient leur volonté propre, ils naviguaient dans tous les sens sans aucun lien avec les mouvements de mon corps. Quand

1. Chère lectrice, cher lecteur. C'est ici la première fois que je choisis de vous interpeller afin de vous demander votre opinion sur un sujet. Ne soyez pas choqué·e, cela arrivera de nouveau tout au long de ce récit. Je prends enfin beaucoup de plaisir à m'imaginer converser avec vous. Bonne lecture !

2. Référence à la sublime chanson « Pull marine » interprétée par Isabelle Adjani en 1983.

je me rappelle mon tout premier bain de minuit, lors de cette soirée d'été, dans la piscine chez mon petit ami, c'est le premier souvenir qui me frappe. Mes seins jouissaient d'une liberté toute neuve. Ils se sentaient libres, mais pas comme lorsque je retire mon soutien-gorge le soir, non. Toutes les femmes et, *a fortiori*, celles ayant une poitrine voluptueuse savent ce qu'il en est. Ils étaient libres comme je n'ai jamais ressenti qu'ils pouvaient l'être auparavant, sans loi terrestre les condamnant inexorablement vers le bas. Libres car je ne ressentais plus leur pesanteur sur mon corps, comme lorsque je portais un maillot d'autant plus alourdi de l'eau dont il se gorge. Non. Simplement libres comme jamais.

Nager nu·e, nager libre, sans contraintes. Quel bonheur intense ! Pas de haut de bikini qui remonte au-dessus de la poitrine ou de bas qui vient se nicher au creux de mes fesses après un saut dans l'eau. Le pied, le kif absolu. Vous n'avez pas encore goûté à cette opportunité grandiose ? ! Allez-y, jetez-vous vite à l'eau. Si vous avez eu cette chance, fouillez au plus profond de vous afin de vous remémorer ces formidables sensations. Ça y est, vous les tenez proches de vous ? Ne les lâchez plus. Une fois que vous les avez bien en tête, multipliez-les par 10, par 100, par 1 000… et vous effleurez ce que j'ai éprouvé lorsque je me suis débarrassée de ma perruque châtain clair. Une liberté absolue, jouissive, comme je ne l'ai connue que cette nuit où j'ai sauté nue dans l'eau de la piscine.

J'ai commencé à toucher du doigt cette liberté au fur et à mesure que Frédérik coupait mes cheveux. Je ressentais mon crâne. Cette tête est mienne depuis près de trente ans, mais je ne la rencontre qu'à cet instant, comme si elle constituait une nouvelle partie de mon corps. Mes mains ont pourtant souvent côtoyé cette tête. Mais au moment précis du passage de la tondeuse sur mon gazon capillaire, c'est autre chose. Je m'attendais à ce que mes cheveux coupés très court soient drus, forcément peu agréables à toucher. Au lieu de cela, j'ai comme un doux duvet de petit caneton. Un petit poussin sortant de l'œuf. Pendant que mes cheveux tombaient à terre, je renaissais à la caresse de mes mains. Alors qu'ils faisaient connaissance avec le sol, j'allais à la rencontre de mon crâne. Doux, rond, lisse et tout chaud.

Je peine à contenir ma surprise qui se fait de plus en plus grande, la délectation, l'impatience, que dis-je, le bouillonnement de voir le résultat.

— Ça y est, j'ai terminé, tu peux aller voir dans le...

Frédérik ne peut pas terminer sa phrase, je ne l'écoute déjà plus ! Je cours à la salle de bain me rincer la tête et faire disparaître tout ce qui s'apparenterait à un petit cheveu récalcitrant.

Je m'entends encore hurler sous la douche de ressentir l'eau ruisseler sur ma peau. Je ris de tout mon saoul, je veux appeler mon mari, j'ai envie qu'il le comprenne, je voudrais partager cela avec lui, mais à part faire de même avec ses cheveux, cela me paraît compliqué. Je suis totalement désorientée. Tellement de sensations inhabituelles se bousculent ; j'aimerais qu'il les ressente avec moi, mais même me rejoindre sous la douche n'y changera rien. Je me contente finalement de lui hurler : « Chéri, ça fait trop bizarre sous la douche ! » (Merci de ne surtout pas sortir cette phrase de son contexte, voire de ce paragraphe !) Je me concentre donc sur cet instant précieux pour lui raconter plus tard la vague d'émotions qui me submerge.

Avec la malice d'une enfant découvrant le sapin de Noël joliment décoré, je continue à m'émerveiller de ce qui constitue chaque fois une nouvelle expérimentation. Une fois la douche terminée, il faut se sécher, corps et cheveux. Auparavant, je serais passée par la case sèche-cheveux, mais c'est devenu inutile. Une serviette comme pour le reste du corps, et le tour est joué. De même, je n'ai pas utilisé de shampoing. Je revois encore ma main se diriger vers le flacon puis renoncer en chemin. Après tout, à cette hauteur de trois millimètres (le mot « longueur » ne me semble plus tout à fait approprié), mon habituel shampoing volumateur spécial cheveux fins n'aurait eu qu'une piètre action. J'ai pris un simple savon, comme pour le reste du corps. Basique. Simple.

Adieu shampoing, après-shampoing et soin démêlant. Au revoir additifs et autres ingrédients de l'angoisse dénoncés par les associations de consommateurs ! *Adios* peignes et brosses rondes, plates et de toutes sortes, sèche-cheveux et brushing. Poubelle le baume réparateur après-soleil, la plage ou la piscine. Au placard le lisseur ou le fer à boucler à faire préchauffer dix minutes avant utilisation pour plus d'efficacité. Cinq toutes petites minutes et un seul produit me suffisent. Plus de superflu, juste le strict nécessaire pour le rituel quotidien de mes ablutions. Je me lave, je me sèche, j'ai terminé. Je ne me suis jamais préparée aussi vite de toute ma vie ! Je fais une toilette de chat et me voilà prête.

Après l'eau de la douche, chaque nouvelle situation apporte son lot de sensations inédites. Dès que quelque chose touche de près ou de loin mon crâne, je redécouvre mon sens du toucher. Un rayon de soleil ? Vite, il me faut un chapeau, cela chauffe bien agréablement au début, puis rapidement cela devient beaucoup trop brûlant. Une brise légère se transforme en un ouragan sur mon crâne qui goûte pour la toute première fois au vent. Que dire d'une bourrasque ? Il y a urgence, je dois m'attacher les cheveux sinon ils vont s'emmêler ! Oups, les vieux réflexes reviennent au galop. À vélo en train de sprinter, je peux me retourner pour observer mon compagnon et conserver une vision claire, non obscurcie par ma queue-de-cheval ou mes cheveux ébouriffés. Fini ! Plus de cheveux. Je ressens jusqu'à leur absence, notamment sur les tempes, le front, les côtés de mon visage. Rien. Non, pas rien, rien est déjà *quelque chose*, je savoure l'air libre.

Ce réapprentissage a également cours dans le lit conjugal : plus possible de me coincer les cheveux sous mes épaules. Mon mari ne peut plus s'appuyer dessus sans le vouloir alors qu'il se retourne. Aïe ! Au lever, plus de cheveux en pétard des mauvais jours. En revanche, je porte toujours la trace des draps froissés sur une de mes joues au réveil, certaines réalités ont la peau dure. Je me sens galvanisée par ces premiers temps de découvertes. Tant de nouveautés à appréhender, d'habitudes à adapter. Les petits riens du quotidien se transforment en joies incommensurables. Mais aucune, si grande soit-elle, ne parvient à la cheville de celle que l'eau m'a procurée. Comme lorsque je m'étais baignée, adolescente, dans cette piscine, mais cette fois sans mes attributs capillaires ; l'eau m'a offert une sorte d'extase. J'entre, je sors de l'eau comme je le désire, pas de cheveux dégoulinants dans mes yeux, pas besoin de réfléchir au meilleur angle pour sortir la tête sous peine de devoir ouvrir un rideau de cheveux, ou même d'avoir l'impression que ma tignasse ait été remplacée par un poulpe gluant. Mieux encore, je peux tout simplement mettre la tête sous l'eau autant que je le désire, et ce sans avoir à les laver et donc à les brusher par la suite. *Sayonara* tous ces réflexes auxquels on ne pense jamais jusqu'au jour où ils deviennent obsolètes.

Je me suis libérée de mon propre joug capillaire. Cette sensation de l'eau sous n'importe quelle forme est extraordinaire : la douche, la pluie, la piscine. Est-ce donc cela que l'on peut ressentir dans le ventre de sa mère ? Tout est devenu si pratique, si facile, au-delà de toutes contraintes. Sublime légèreté. Pourtant ma masse chevelue n'était pas si imposante, je n'avais que de petits cheveux tout fins. Les retirer de ma tête suffit cependant à m'alléger. À aucun moment de ma vie je n'ai perçu mes cheveux comme un poids, jusqu'à m'en séparer. Force est de constater que je me délecte d'explorer tous ces plaisirs insoupçonnés.

*

Le Sud, en été de surcroît, est plus qu'approprié pour jouer aux aventuriers et aventurières. C'est soleil, chaleur, cocktails au bord de la piscine. De quoi profiter allègrement de toutes ces sensations inhabituelles sur ma petite caboche. Pourquoi les bonnes choses ne durent-elles pas ? Les vacances ont dû céder leur place à la morne réalité parisienne sans été indien. L'automne est arrivé et, avec lui, des températures moins clémentes. Je n'avais plus eu d'otites depuis des années bien que j'y aie été sujette très fréquemment lorsque j'étais petite. Alors deux à la suite en plein mois de septembre, j'ai trouvé cela un tout petit peu excessif. Comment donc ? ! Les cheveux ont donc une utilité fonctionnelle de garder la chaleur sur cette partie du corps qui se refroidit le plus rapidement parce qu'elle est la plus importante à notre survie avec le cœur ? Vous doutez, c'est bien, le doute est important dans la vie pour se forger un esprit critique. En ce qui me concerne, j'ai vite arrêté de douter de la rapidité avec laquelle un crâne se refroidit, après l'avoir expérimenté.

Alors dès septembre, le soir et les jours où il y avait ne serait-ce qu'un léger vent, je dégainais mon arme suprême : le bonnet, la cagoule traumatique de mon enfance ! Comme un corps dépourvu de vêtements qu'il faut bien réchauffer, ma tête possède maintenant sa garde-robe : tissu fin pour l'automne, grosse maille pour l'hiver mais doublée de polaire par pitié. Je me constitue ainsi une belle « garde-bonnet ». J'en ai même reçu un superbe pour mes trente ans. Tous mes proches en ont eu vent : de septembre à avril, impossible de me déplacer sans mon couvre-chef. Sauf qu'avant de dire adieu à mes cheveux, je ne m'étais pas encore aperçue que les accessoires en laine avaient de tout petits trous. Le vent s'engouffre dans chacun des interstices des mailles, endroit et envers. Et cela se sent terriblement sur le cuir chevelu lorsqu'il est dans son plus simple appareil. C'est dire ! J'ai même commencé à en porter la nuit ! Le tue-l'amour par excellence ! Oui, par opposition à mon corps bien chaud sous la couette, j'ai si froid le soir en mon extrémité déplumée. Le rituel de coiffer mes tifs le matin s'est transformé en celui de coiffer ma tête de tissu la nuit. Cela s'appelle la « théorie des vases communicants ».

Même au bureau en pleine journée, il m'arrive d'éprouver la nécessité absolue d'en porter. Dans certaines salles, lorsque la climatisation crache un air à dix-huit degrés alors que je suis positionnée juste en dessous de l'aération, je me refroidis alors à une de ces vitesses ! Et il suffit que j'aie chaud à la tête pour retrouver derechef la chaleur dans tout mon corps. Que ne faisais-je pas là ? En portant le capieau en lieu et place de mes cheveux, je donne raison à tous les collègues qui qualifient mon geste d'inconsidéré : « Bah alors ! On ne supporte pas les cheveux courts, on a froid ? » C'est de bonne guerre, comment aurais-je pu me douter un seul instant ressentir autant la fraîcheur du matin ou du soir, de l'hiver comme de l'été climatisé. D'aucuns arborent la casquette, moi, j'ai le bonnet. Il est devenu ma signature, mon style, ma marque de fabrique. Un oubli malencontreux ? Tant pis, j'ai de quoi le remplacer en ayant toujours un châle ou une écharpe, dont je peux m'entourer la tête avant de me transformer en glaçon. Cela me donnait alors l'apparence d'une femme des années 1950 à bord d'une vieille décapotable, toujours coiffée d'un fichu autour de la tête. Sauf que, pour elle, le but de la manœuvre était de ne pas finir échevelée à la fin du trajet. Deux époques, deux enjeux capillaires.

Mais toutes ces protections ne m'ont pas rendue insensible pour autant, je continue de m'émerveiller de la sensation du vent sur ma peau, ou celle du baiser mordant du froid hivernal.

La pluie sur la tête. *Splash !* La surprise d'une grosse goutte d'eau qui chute sur votre crâne après s'être accumulée sur un rebord de fenêtre. La sensation du courant d'air à la simple ouverture d'une porte. Un rayon de soleil qui vous apporte bien-être et réconfort d'emblée, encore plus que celui sur le visage, car cet endroit vierge n'est pas encore blasé, conditionné par des habitudes chevelues. Il peut encore s'adonner aux plaisirs sensoriels les plus anodins, simples et pourtant si précieux comme un rayon de soleil.

Mes cheveux ne sont plus, vive ma tête nue !

LE CHEVEU, CE POIL PUBIEN

— Les gens penseront sûrement que tu es homosexuelle ! C'est une des premières phrases que Frédérik a prononcée en voyant les cheveux raccourcir de façon drastique.

— Mais quel est le rapport ?

— Tu verras, avec cet air de défi dans le regard.

Pourquoi les gens me croiraient-ils attirée par des femmes, sous l'unique prétexte que j'ai le crâne rasé ? Encore un de ces foutus stéréotypes. Et pourtant…

Je déteste le dimanche. Pour certains, c'est le lundi ! Pas chez moi, la bête noire, c'est le dimanche. Les dimanches sont bien souvent monotones, synonymes du blues de la reprise du travail. Il n'y a rien à faire, ou s'il y a à faire, c'est le manque de motivation qui se fait sentir. Pas ce dimanche-ci. Non, ce dimanche, je suis ragaillardie. Après cette première douche sensationnelle, en bon·ne·s Français·es qui aiment leur campagne, notamment lors des brocantes et des manifestations de fin de semaine, nous allons au marché de La Durance-sur-Largue. Le fameux marché de vacances du dimanche avec ses couples bras dessus, bras dessous flânant au rythme de la rivière. Les étals de fruits et légumes, de spécialités locales cuisinées, les odeurs de poulets grillés, des restaurants, des cafés, des boulangeries. Le temps s'écoule doucement au cœur de la ville.

Nous décidons de rejoindre le centre bourg à vélo. Le vent dans « mes cheveux » siffle de plus en plus fort à mesure que je donne de la vitesse à ma monture. Il s'agit de ma première sortie en public. Nous n'avons pas encore accroché les vélos que je m'impatiente déjà d'avancer dans les allées, de découvrir ce beau village dont j'ai si souvent entendu parler. Je suis émerveillée. Nous repérons l'emplacement pour le retour avant de nous mettre en marche. Je tiens le bras de mon mari. Les rues sont bondées, et nous nous faufilons un chemin à travers la foule. Il fait très chaud, alors en bonne vacancière digne de l'été sudiste, j'ai sorti la tenue légère de circonstance : un petit short de coton bleu fleuri assorti d'un débardeur jaune clair. La partie haute de mon corps est donc parfaitement dégagée : mes épaules, mon cou, mon visage, ma tête. Pas de lunettes solaires non plus, car l'étroitesse des rues nous protège des rayons. Difficile de faire plus visible donc : je ne porte pas de cheveux aujourd'hui. Cela se voit très bien !

J'arbore, pour ma « première » dans le monde, mon plus beau sourire : une sorte de fierté mêlée à une légère provocation. Je ne détourne les yeux d'aucun regard, les affrontant tête et épaules hautes, avec un amusement non dissimulé. Le déroulement des événements est souvent le même : le choc sur le visage du passant ou de la passante, puis un léger recul qu'il·elle tente plus ou moins habilement de camoufler ; une ou plusieurs interrogations du regard : « Pourquoi ? Êtes-vous malade ? Mais que se passe-t-il ? » Arrive ensuite la déroute, car je leur souris, je me sens bien. L'incompréhension n'en est alors que plus grande.

Comment peut-elle avoir cette coupe et sourire, faire comme si tout allait bien ?

Puis, il y a cet autre regard. Un regard très différent des précédents. Mon homme et moi nous tenons toujours par le bras. Il cherche une façon discrète d'attirer mon attention. Ce dernier exerce alors une légère pression sur mon poignet :

— Qu'est-ce que je t'avais dit ? en me désignant le couple face à nous et que nous nous apprêtons à croiser.

Un homme, une femme, tout comme nous, déambulent côte à côte.

C'est cette dernière qui me regarde intensément, profondément, avec envie et séduction. Frédérik m'avait prévenue, mais je n'y croyais pas. À cet instant, j'en ai la preuve. Cette femme ne me regarde pas de la même manière qu'une autre. Force m'est de constater que ma nouvelle esthétique attire des regards inconnus jusqu'alors. Sans que je le cherche particulièrement. Avant cela, je n'envisageais pas de pouvoir séduire une femme, ni même qu'une femme ait envie de me considérer comme un objet de désir. Alors qu'est-ce que ma tête d'œuf a pu changer à cet état de fait ?

Une fois que nous nous sommes définitivement croisés, mon homme me regarde, rieur : « Alors, alors, on plaît aux dames ? » dans une imitation de crooner à la voix profonde et suave. Je m'amuse de sa boutade, ne sachant que répondre. Je suis affligée devant mon manque de repartie. C'est étrange : je n'avais pas du tout anticipé cela.

*

« Coupe à la garçonne », c'est ainsi que sont qualifiés les cheveux féminins coupés très court. En tant que femme, nous ne pouvons rien faire sans être opposée à l'autre sexe, assimilée à l'autre sexe. D'aussi loin que je me souvienne, la femme qui se coupe les cheveux court, très court, est dans l'imaginaire collectif, dans cette réflexion primaire et sans fondements concrets, une femme-homme et, donc, une femme qui aime les femmes. D'où vient un tel stéréotype ? Peut-être parce que avant beaucoup d'autres, elles ont compris et surtout assumé de faire leurs choix avec un corps qui n'appartient qu'à elles seules. Par extension, elles font aussi ce qu'elles veulent de leurs cheveux. Ayant appris à endosser une sexualité autre que la norme imposée par la société dans laquelle nous vivons, elles ont peut-être réussi à se départir, avant d'autres, de ce fichu cliché de la femme aux cheveux longs. Tout comme elles sont parvenues à démontrer qu'une femme ne doit pas forcément aimer un homme, que d'autres voies sont possibles. Peut-être. Mais encore là, que de poncifs éculés ! Après tout, comme il existe des femmes aux cheveux longs, il existe aussi des femmes homosexuelles aux cheveux longs. Foutus stéréotypes !

Et qui donc pour imposer aux femmes le devoir de porter des cheveux longs, dire que les femmes aux cheveux courts sont ci ou ça ? Sa mère ? Dieu ? Un gourou ? Non, plus simple. Je vous le donne en mille : un homme ! Le tout est de savoir pourquoi. Est-ce une pure question d'esthétique ? Sûrement, mais pas que. Parce que cela leur plaît ? C'est plus recherché que cela. Les cheveux sont sensuels, ils excitent et sont hypersexualisants.

Pour les trois religions monothéistes, les cheveux sont le plus terrible des objets de péché et donc de séduction ! Dans la religion catholique, les femmes devaient se couvrir les cheveux à cause… des anges. La légende raconte que ces derniers, particulièrement sensibles à la beauté, tombaient amoureux des femmes, malgré eux, lors de leurs fréquentes visites dans les lieux de prières. Alors, Mesdames, cachez cette mèche que l'on ne saurait voir. Ce sera votre faute si les anges s'éprennent de vous ! Bah voyons ! Dans la religion juive[1], les femmes sont censées porter un couvre-chef en public (foulard, chapeau ou même perruque font l'affaire) afin, d'une part, de respecter le principe de pudeur cher aux pratiquants et, d'autre part, de se conformer aux préceptes des Saintes Écritures (signe de respect envers son époux et le Seigneur, au risque de se faire répudier s'ils ne sont pas appliqués). Enfin dans l'islam[2], les femmes doivent également porter

1. *https://www.massorti.com/Couvre-chef-des-femmes.*

2. *https://islamqa.info/fr/answers/6244/pourquoi-la-femme-doit-elle-couvrir-ses-cheveux.*

un voile, car il permettrait de canaliser et de cacher cet attribut sexuel que sont les cheveux.

Depuis la civilisation romaine, les cheveux des femmes font partie de l'intime, au même titre que le poil pubien[1]. Quelle que soit leur religion, les femmes ont été contraintes, à travers la parole édictée par l'homme, de dissimuler cette chevelure bien trop tentatrice pour eux. Même si la modernité a permis d'alléger ces pratiques, ces dernières ont contribué à forger des croyances sur la représentation du cheveu féminin au fil des siècles.

Par exemple, au XIXe siècle, on disait d'une femme qu'elle était « en cheveux » – c'est-à-dire que ses cheveux, non peignés, se répandaient de façon subversive sur ses épaules, la gourgandine ! – afin de signifier qu'elle n'avait pas plus de retenue dans sa coiffure que dans ses comportements sexuels. Eh oui, une femme de « bonne vie » doit faire rimer « cheveux longs » avec « attachés ». C'est donc naturellement que, pour punir une femme, lui raser le crâne a semblé la solution la plus indiquée. Les femmes infidèles ? Tondues. Marguerite de Bourgogne aurait-elle fricoté avec les écuyers Philippe et Gauthier d'Aunay si elle avait su qu'elle y laisserait ses cheveux en plus d'être enfermée pour le restant de ses jours au château Gaillard ? Ironie du sort, lorsque son époux Louis X le Hutin devint roi de France, embarrassé d'avoir cette scandaleuse épouse, même enfermée, il la fit assassiner sur ordonnance. Les historiens et historiennes supposent même qu'elle a été étranglée avec ses propres cheveux, qui avaient repoussé depuis l'opprobre et son enfermement.

La malheureuse ne fut pas la seule à subir l'injustice des hommes sur le prétendu sexe faible. Pendant la Seconde Guerre mondiale, les femmes ayant collaboré

1. *https://www.persee.fr/doc/comm_0588-8018_1995_num_60_1_1917.* Sonia Dayan-Herzbrun, « Cheveux coupés, cheveux voilés », dans *Communications*, thématique « Beauté, laideur », n° 60, 1995, p. 165-183.

avec l'occupant allemand étaient tondues. Comme Simone Touseau[1] qui a subi la justice de la rue avant celle du système établi, contrainte de déambuler dans les rues de Chartres en tenant son enfant contre elle, crâne rasé. Cela n'a jamais cessé, puisqu'en 2019, en Inde, une femme et sa fille ont été tondues puis exhibées dans les rues de leur village après avoir résisté à une tentative de viol en groupe[2]. Le cheveu, un symbole érigé par les hommes pour le plaisir des hommes, conservé jalousement pour leur seule jouissance.

Il suffit de se plonger dans la poésie pour se rendre compte de ce potentiel érotique que les hommes ont voulu contenir. Parmi le plus connu, Baudelaire se noie dans une chevelure. Des cheveux défaits sur un oreiller invitent à la volupté, à la caresse, ils séduisent. L'homme, lorsqu'il s'agit de la femme et de ses cheveux, y voit de nombreux symboles : la déesse Vénus (pour les Romains), Aphrodite (pour les Grecs), celle qui représente l'amour et la beauté avec des boucles à n'en plus finir. On le voit bien sur le tableau de Botticelli représentant sa naissance, ses cheveux sont si longs qu'ils arrivent à venir cacher son pubis, tel un vêtement.

Baudelaire témoigne de son amour et de son attirance pour le saint cheveu dans plusieurs de ses poèmes comme « La Chevelure », « Le Serpent qui danse »[3] ou encore « Un hémisphère dans une chevelure »[4], dont voici le texte intégral :

> « Laisse-moi respirer longtemps, longtemps, l'odeur de tes cheveux, y plonger tout mon visage, comme un homme altéré dans l'eau d'une source, et les agiter

---

1. Simone Touseau est plus connue sous le nom de la « tondue de Chartres ». Elle a été condamnée par ses contemporains pour avoir osé coucher avec un Allemand, raison pour laquelle elle a été tondue puis humiliée dans les rues de Chartres. Cet instant fut immortalisé par le photographe américain Robert Capa.
2. *https://www.lexpress.fr/actualite/monde/inde-deux-femmes-resistent-a-une-tentative-de-viol-elles-sont-tondues_2086870.html.*
3. Poèmes publiés dans le recueil *Les Fleurs du Mal*, 1857.
4. Poèmes publiés dans le recueil *le Spleen de Paris*, 1869.

avec ma main comme un mouchoir odorant, pour secouer des souvenirs dans l'air.
Si tu pouvais savoir tout ce que je vois ! tout ce que je sens ! tout ce que j'entends dans tes cheveux ! Mon âme voyage sur le parfum comme l'âme des autres hommes sur la musique.
Tes cheveux contiennent tout un rêve, plein de voilures et de mâtures ; ils contiennent de grandes mers dont les moussons me portent vers de charmants climats, où l'espace est plus bleu et plus profond, où l'atmosphère est parfumée par les fruits, par les feuilles et par la peau humaine.
Dans l'océan de ta chevelure, j'entrevois un port fourmillant de chants mélancoliques, d'hommes vigoureux de toutes nations et de navires de toutes formes découpant leurs architectures fines et compliquées sur un ciel immense où se prélasse l'éternelle chaleur.
Dans les caresses de ta chevelure, je retrouve les langueurs des longues heures passées sur un divan, dans la chambre d'un beau navire, bercées par le roulis imperceptible du port, entre les pots de fleurs et les gargoulettes rafraîchissantes.
Dans l'ardent foyer de ta chevelure, je respire l'odeur du tabac mêlé à l'opium et au sucre ; dans la nuit de ta chevelure, je vois resplendir l'infini de l'azur tropical ; sur les rivages duvetés de ta chevelure je m'enivre des odeurs combinées du goudron, du musc et de l'huile de coco.
Laisse-moi mordre longtemps tes tresses lourdes et noires. Quand je mordille tes cheveux élastiques et rebelles, il me semble que je mange des souvenirs. »

La crinière des femmes enflamme les hommes. Dénouer les cheveux avant l'acte d'amour est un geste d'une sensualité infinie. De la même manière qu'un homme déshabille, il délivre les cheveux de leur carcan. Le poète le retranscrivait parfaitement puisque les cheveux enivrent, séduisent grâce à leur odeur, telles des vapeurs qui grisent celui qu'y aventure. En effet, le cuir chevelu est une des parties du corps qui sécrète le plus d'odeurs personnelles et uniques : « Ses cheveux qui lui font un casque parfumé » [XXXII, « Spleen et idéal »]. Et comme le chat que le poète aime caresser, la femme devient alors ce même félin que l'homme se plaît à étreindre, grâce (ou à cause de ?) sa chevelure.

Tous ces aspects font entrevoir à quel point l'homme aimant la femme ne voudrait pas renoncer à cette volupté. Sans ses cheveux, une femme ne semble plus en mesure d'attirer un partenaire masculin. Que deviendrait alors cette femme si séductrice, dont on aurait retiré l'attrait majeur, si l'on en croit l'avis masculin ? Comment pourrait-elle avoir envie de renoncer à cet attribut crucial que semble le cheveu ?

Comment puis-je oser renoncer à tout cela ! ?

LE *HAIRGATE*

Faire mon coming out capillaire. Tôt ou tard, je devrais bien annoncer à mon entourage que je me suis *légèrement* coupé les cheveux. Mais je suis bien trop fébrile et fière de ma dernière déviation pour attendre de revoir tout le monde, un par un, en *vrai*. Je brûle d'envie de le partager avec mes ami·e·s. et ne veux pas manquer l'occasion de me payer une tranche de rire en découvrant leurs réactions. Il doit y avoir quelque chose à faire. À force de réflexions avec mon acolyte, nous lançons un jeu concours sur le profil Facebook de celui-ci. Voici ce qu'il a noté :

« Oh putain ! ELLE L'A FAIT ! (Smiley ahuri) (Concours ouvert à tous sauf cette amie qui se reconnaîtra car elle le sait déjà.) Qu'est-ce que ma moitié a osé faire ? Les premiers ou les premières qui devinent ont droit à une super-bouffe à la maison ! Perso, j'suis choqué ! (Smiley rieur) »

Tel est pris qui croyait prendre : en moins de temps qu'il n'a fallu pour écrire l'énoncé du jeu, le dîner fut gagné. Bravo à mon beau-frère ! Le divertissement fut de courte durée ! Non seulement son premier essai était le bon, mais en plus il ne s'agissait que de la deuxième participation postée sous la photo ! Comment a-t-il pu deviner ? Nous décidons de laisser courir le jeu, tellement éberlués que quelqu'un ait trouvé si vite, jusqu'à collecter des théories toutes plus tordantes les unes que les autres. Laissons-les mariner encore un peu. Saut en parachute ? Non. Don d'un rein ? Altruiste, mais non plus ! Piercing, tatouage ? Mmm, je commence à y réfléchir, mais non. Arrêt de pilule ? Non, ce n'est pas dans mes plans. Puis encore tout un tas d'autres affirmations croustillantes sur lesquelles je ne peux me résoudre à lever le mystère. Une fois la réponse validée par mes soins, tous me réclament une photo pour preuve, tant la réponse leur paraît improbable.

J'ai pris mon temps avant de choisir. Oui, je m'expose beaucoup là, beaucoup trop peut-être. Je veux me présenter sous mon meilleur profil, je n'ai plus de cheveux derrière lesquels me cacher. Le choix de la photo promet d'être rude. Elle doit donner raison à mon geste, elle va devenir tout un symbole : la photo « officielle » de mon crâne rasé. Aucune faiblesse, aucune déception ne doit apparaître, ne surtout donner aucune matière à mes ami·e·s de me critiquer avec trop de véhémence. J'ai moi-même eu beaucoup de mal à me reconnaître en vrai, alors qu'en sera-t-il pour eux, sur leurs écrans, avec une seule photo ? Je découvre enfin la forme de mon visage, sa rondeur. Mes yeux me paraissent plus grands là où je les voyais toujours si petits. Mon nez, quant à lui, est toujours aussi proéminent, bien trop gros à mon goût. Oui, j'ai eu beaucoup de mal à me trouver belle immédiatement. Attention, qu'il n'y ait aucune méprise, je ne regrette pas mon geste. C'est plus comme une (re) découverte. Il en faut de la patience pour s'apprivoiser. Toute une morphologie de visage à revoir. Lorsque j'avais la vingtaine et les cheveux un peu plus longs, j'avais hésité des années avant de les raccourcir trop, car je jugeais mes mâchoires trop massives, mal dégrossies, abruptes. À cet instant, lorsque je voyais mon visage sans halo capillaire, ce sentiment avait presque totalement disparu. Je me trouve au contraire un visage plus doux. Je veux donc faire une photo qui reflète au mieux mes impressions ; que l'on comprenne tout ce que je ressens. Ma joie d'avoir osé, ma fierté de l'avoir fait. Nombre de mes relations l'ont d'ailleurs bien compris. Elles témoignent de leur profond étonnement, certes, mais aussi de leur enthousiasme à mon égard. Et puis il y a les autres. Celles et ceux qui ne comprennent pas. Je suis piquée que ces mêmes ami·e·s ou proches personnes ne se réjouissent pas pour moi. Après tout, il s'agit de mes cheveux, pas des leurs. Je me doutais bien que l'incompréhension et le jugement feraient partie des premières réactions auxquelles je devais m'attendre. Mais tout de même, j'espérais, il paraît que ça fait vivre. Alors ce qui devait arriver arriva.

Mon frère aîné donna le coup d'envoi des festivités. Du plus loin que je me souvienne de nos discussions ensemble, une femme doit avoir les cheveux longs : CONVENTION MACHISTE n° 1. Porter très peu, voire aucun maquillage : CONVENTION MACHISTE n° 2. Cela n'a d'ailleurs que peu à voir avec la question du maquillage, mais bien d'édicter les devoirs d'une femme, quel que soit le domaine. Ajoutez à cela toute la mauvaise foi dont une personne puisse faire preuve et vous obtiendrez la CONVENTION MACHISTE n° 3. En effet, mon frère s'est lui-même adonné à quelques expériences capillaires et non des moindres (serait-ce génétique ?). Blond peroxydé, bleu (oui, oui, BLEU), roux. Pas n'importe quel roux, le roux ayant dégénéré car tenté sur un cheveu beaucoup trop brun de nature. Et ce n'est pas tout. Il s'est rasé le crâne. Mon frère s'est *aussi* rasé le crâne, des années avant moi. Et de près, car si je me suis contentée de la tondeuse, il lui a préféré le rasoir. Le crâne tout nu lui permettait de ressembler à son chanteur rock favori, Billy Corgan (à celles et ceux qui connaîtraient les Smashing Pumpkins, cela vous rappellera de bons souvenirs). Pas mal, n'est-ce pas ? Je n'ai su que bien des années après qu'il avait été copieusement moqué par les collègues à l'usine où il travaillait l'été. Il était surnommé Kojak, d'après le personnage principal de la série éponyme[1]. Une seule fois aura suffi à lui couper l'envie de renouveler tout autre rasage que celui de sa barbe. Au fond de moi, j'ai sottement pensé que mon frère ne pourrait que comprendre mon geste. Tant s'en faut.

Lorsqu'il a vu la photo, je suis retombée directement en enfance avec les sermons associés. Mon frère, de quinze ans mon aîné, m'envoie un SMS pour m'avertir – en bon Samaritain – de la paternelle punition qui me pend au nez : « Haannnnn, Papa va te tuer ! » Toutes les personnes ayant eu des frères ou des sœurs ont soit entendu soit prononcé cette satanée phrase annonciatrice du redoutable courroux parental. Sauf que je vais bientôt arriver sur mes trente ans, je ne suis plus une enfant ! Il complète par ailleurs ce propos reçu par texto en ajoutant cette légende directement en commentaire sous la photo du concours, à la vue de toutes et tous : « Il te reste à déchirer la photo du pape et la ressemblance sera parfaite[2]. » J'ai éclaté de rire. Que pouvais-je bien faire d'autre ? Hors de question de tomber dans ce piège. De quel droit se permet-il ? Je fais ce que je veux. Point. Le pire reste encore à venir. Dans ce même message, il conclut par ce puéril : « Je vais le dire à Papa. » Le monde à l'envers, c'est le grand frère qui balance la petite sœur. Quelle tristesse. Je n'ai pas trouvé meilleure réponse à la provocation que la provocation elle-même : « Bah vas-y ! Même pas peur. » Mon père et mes frères incarnent parfois ces stéréotypes qui nous catapultent des années en arrière. Ma mère m'a même confié s'être arrêtée de travailler au début de sa relation avec mon père. Il le lui avait demandé. D'après

1. La série Kojak est une série américaine dans laquelle l'acteur Telly Savalas incarne un lieutenant de la police de New York au crâne rasé. La série fut diffusée en France à partir de 1986.
2. Sinéad O'Connor, chanteuse irlandaise au crâne rasé, a déchiré la photo du pape Jean-Paul II sur le plateau d'une célèbre émission de télévision américaine le 3 octobre 1992 afin de dénoncer la pédophilie dans l'Église. Son geste, mal interprété à l'époque, a grandement choqué l'opinion.

ce dernier, elle n'en avait plus la nécessité, car il revient à l'homme de subvenir aux besoins du foyer. Le contexte est important : nous sommes alors à la fin des années 1960 en outre-mer. Je les comprends et les excuse. L'évolution des mentalités est loin de toucher toute la population de manière uniforme. Preuve en est, mon frère aîné conserve cet héritage.

Le mal est fait. Cette altercation aux allures de remontrance a gâché mon projet de surprendre mes parents. Pendant que nous profitions de nos congés dans le sud de la France, mon frère et sa famille avaient choisi le sud de la planète en passant les leurs chez nos parents. Or j'avais moi-même envisagé de les rejoindre pour l'été austral, soit quatre mois plus tard. J'aurais donc voulu qu'ils me découvrent de leurs propres yeux et non *via* l'écran de Smartphone de mon frère. Comme maman et papa n'utilisent pas Facebook, si cela n'avait pas été *via* l'entremise de mon frère aîné, ils n'auraient jamais dû avoir vent de mes fantaisies avant de me voir. Il a gâché nos retrouvailles.

Je voulais les amadouer comme seul·e·s des enfants face à leurs parents savent le faire. Cela aurait dû faciliter leur approbation ; j'ai au moins à cœur de ménager leur niveau de stress quant à la façon dont je mène ma vie. Bien que cela ne m'ait pas dissuadée d'agir, je savais qu'elle serait foutrement dure à obtenir. Car, pendant des années, nous avions été élevés dans la doctrine de la femme aux cheveux longs. Mon frérot avait retenu la leçon de notre père. Ce même père à qui j'aurais tant voulu démontrer qu'il était dans l'erreur : « Vois par toi-même, Papa, j'ai grandi, je choisis, je vis selon mes propres règles. Et ce n'est pas si grave si je n'ai plus un poil sur le caillou ! Cela ne fait pas de moi une femme à la vie dissolue ; et quand bien même si je suis heureuse ainsi ! » Mon jeu absurde et l'amusement qu'il m'a procuré ont vite atteint leurs limites.

Sans surprise, j'ai donc dû porter les cheveux longs, très longs, bien trop longs à mon goût, toute mon enfance durant. Je ne pouvais prétendre qu'à cette seule fantaisie de me faire couper la frange par ma mère ou ma sœur.

Je ne pouvais même pas les porter lâchés ! Il ne fallait pas « jouer » dans ses cheveux, sous peine de répandre de longs brins indésirables dans toute la maison. Des cheveux longs oui, mais des cheveux bien mis, bien rangés, auxquels on ne doit pas toucher. J'avais une belle crinière châtain, mais aucune jouissance de celle-ci. Elle était toujours attachée, toujours nattée. À Noël ou lors des événements familiaux, ma mère ou ma sœur m'octroyait de leur précieux temps afin de réaliser une coiffure de circonstance, comme une tresse africaine par exemple. L'attache et le croisement des cheveux commencent sur le haut du crâne, au lieu de commencer à sa base comme pour les tresses dites « traditionnelles ». Cela nécessite de tirer, serrer, d'utiliser les dents du peigne, qui vous transpercent le cuir chevelu, pour se saisir de très petites mèches. Le résultat était là, j'avais une jolie coiffure qui changeait de ma sempiternelle queue-de-cheval. Même si j'avais mal pendant sa réalisation, je ne devais montrer aucun signe de douleur, sans quoi la sentence de la technicienne à l'œuvre ne se faisait pas attendre : « Il faut souffrir pour être belle. »

J'aurais souhaité autre chose, mais me contentais de cette coiffure en guise d'ersatz. Je nourrissais l'espoir de les avoir libres, comme mes copines à l'école. Mais déjà qu'il n'en était pas question à la maison, alors à l'école, quelle hérésie ! Comment aurais-je fait si mes cheveux s'étaient emmêlés en d'énormes nœuds, si un·e camarade malintentionné·e m'avait collé un chewing-gum encore bien baveux dedans ou, pire encore, si j'avais attrapé des poux ? Non, non et non. Queue, voire demi-queue lorsque mes négociations le matin aboutissaient, mais pas davantage. Pas de jalouse : ma sœur était logée à la même enseigne. Tout comme moi, ce n'est certainement pas ce qu'elle aurait souhaité. Est-ce pour cette raison qu'elle passait à l'action sur ses poupées ? Elle rêvait tant en secret de connaître la joie des ciseaux que les célèbres Barbies aux longues chevelures en avaient subi les conséquences. Les opérations se déroulaient ainsi : les cheveux étaient tout d'abord relevés en queue-de-cheval. S'ensuivait une coupe nette et franche juste derrière l'élastique. La détermination de ma sœur pouvait laisser entendre que sa méthode ne souffrait aucun amateurisme, mais le résultat, lui, n'en était pas moins désastreux. Les demoiselles de plastique étaient affublées d'une tonsure de moine à l'arrière et, sur le pourtour de la tête, un léger reste de mèches de longueurs inégales. Les poupées influencent nos représentations : encore plus à cette époque, peu importe la marque ou le fabricant, toutes les petites filles jouaient avec des poupées aux cheveux longs. Il ne pouvait en être autrement. Sauf à s'en occuper soi-même pour les façonner selon ses rêves.

Et ma mère, de disputer ma pauvre sœur qui « abîmait » ses jouets, « martyrisait ses pauvres poupées ». Petite fille, j'entendais donc que couper ses cheveux était mal ; les Barbies étaient élevées au rang de martyres. Le mot employé porte avec lui sa forte symbolique : tel Jésus sur sa croix, couper les cheveux équivalait à martyriser. Ces poupées prenaient-elles vie, la nuit, afin de sortir de leur coffre et d'aller se plaindre auprès de ma mère endormie, lui chuchotant à l'oreille : « Aidez-nous ! » ? Ce sont des poupées, des jouets dont la finalité est de s'amuser, de s'imaginer apprenti coiffeur/apprentie coiffeuse par exemple, physicien/physicienne, ou encore pompier/pompière. Où est le mal ? Le seul signe qu'il faut décrypter est celui d'une adolescente qui désespère de se débarrasser de ses propres longueurs.

Et si les femmes de la famille se *devaient* de porter les cheveux longs, pour ma sœur aînée, c'était encore au-delà. Ses cheveux étaient érigés en divinité, beauté superbe et splendide. Ma chevelure était, certes, d'une longueur tout à fait respectable, on aurait presque pu lui adjoindre le qualificatif « belle ». Celle de ma sœur était, quant à elle, bien au-dessus de tout cela : si longue qu'il lui arrivait de s'asseoir dessus par inadvertance, épaisse, bien fournie, d'une couleur noir de geai brillant, parée de jolis reflets bleutés contrastant avec le teint laiteux de sa peau parsemée, çà et là, de taches de rousseur. Une longue et belle crinière qui faisait légende chez tous les Fontaine. Un drame insidieux se jouait pourtant : trop lourds, tirant sur le cuir chevelu, lesdits cheveux tombaient en abondance. Un épisode traumatisant pour tous ses adorateurs. Comment une adolescente pouvait-elle perdre autant de cheveux ? Le corps reprenait ses droits : devenus trop difficiles à supporter, il choisissait de s'en délester. Après consultation auprès d'un spécialiste, le verdict tomba. La solution aux problèmes de chute se trouve dans une paire de ciseaux afin de réduire la masse capillaire. Mes parents ont dû se rendre à l'évidence : il fallait agir avant l'inexorable. La décision fut prise : pour son passage à la majorité, enfin, ma sœur eut le droit à sa première coupe chez le coiffeur. Un carré sage à hauteur d'épaules, encadrant son visage. Et les cheveux vénérés qui disparaissaient à l'époque dans les ténèbres du siphon de la baignoire ne tombèrent pas pour autant dans celles de l'oubli.

Plusieurs années encore après cette tragédie capillaire, ma mère usait encore de la même ritournelle pour se remémorer les superbes cheveux disparus. Elle regrettait tant d'avoir dû recourir à ce geste : « Ses cheveux étaient tellement magnifiques ! » soupirait-elle nostalgique. Ma sœur n'avait pourtant pas le crâne rasé, ses cheveux étaient toujours présents, ils étaient simplement plus courts. Mais une page s'était tournée. Pour ma mère, ils ne seraient plus jamais aussi splendides. Je n'entendis plus mes parents complimenter mon aînée sur ses cheveux autrement qu'à travers les regrets, comme lorsqu'ils regardaient des photos d'elle avant que *cela* ne se produise. Cette nouvelle coupe avait pourtant eu les bénéfices escomptés : ses cheveux avaient retrouvé leur vitalité, ils respiraient et restaient en place. Qualités somme toute insuffisantes aux yeux des adorateurs du cheveu long. La représentation de la beauté tient à quelques centimètres. Pour nos parents, ma sœur semblait avoir perdu de sa superbe à ses dix-huit ans. Pour ma part, je l'admirais, je l'enviais. Elle s'émancipait avec panache, jouissant du droit à disposer de ses cheveux comme elle l'avait toujours désiré, elle entrait dans ce club très fermé des femmes allant chez le coiffeur ou la coiffeuse. Je me languissais d'atteindre cet âge pour, à mon tour, accéder à ce statut privilégié.

Le plus ironique dans tout cela ? Bien que ma mère s'y soit mise très tardivement, soit après ses trente-trois ans, elle allait souvent chez le coiffeur puisqu'elle portait... je vous le donne en mille... les cheveux courts. Comme pour beaucoup de jeunes filles, j'admirais Maman pour le modèle qu'elle incarnait, celui auquel je désespérais de ressembler. Je tenais à tout faire comme elle – du moins avant l'adolescence et le rejet en bloc des préceptes parentaux : avoir un sac à main ou porter du rouge à lèvres. À Noël, une exception m'était accordée et, dès mes quatre ans, j'ai eu le droit à ma petite fantaisie de porter du rouge à lèvres lors des festivités. Mais par-dessus tout, mon souhait le plus ardent était de me faire couper les cheveux. Alors, quand Maman avait rendez-vous chez Annie, je l'accompagnais toujours. Qu'il pleuve, qu'il vente, qu'il fasse si beau qu'aucune personne sensée n'aurait voulu s'enfermer dans un salon de coiffure d'une galerie commerciale paumée dans les tréfonds de la Beauce, je la suivais. C'était devenu mon rituel. J'avais le secret espoir qu'un jour, à force de l'accompagner et de témoigner à ma manière de mon profond désir de me faire couper les cheveux, elle finirait par céder. Alors je m'installais à ses côtés à observer inlassablement œuvrer la coiffeuse. Cela pouvait durer plusieurs heures entre la pause de la couleur, les shampoings, la coupe et le sacro-saint brushing ; bien plus encore quand la permanente remplaçait la coloration. Je me souviens presque avec délectation de cette forte odeur caractéristique des produits, une odeur si chimique qu'elle pique le nez et serre la gorge dès l'arrivée dans le salon. J'étais prête à tout, même à lutter contre ma grande impatience. Me tenir sage et assise tout ce temps était une torture à laquelle je consentais volontiers s'il s'agissait de me retrouver à sa place un jour prochain. Je passais ces longues heures à tourner les pages des livres de coiffure, qui n'ont jamais changé en dix ans de visite. Les modes et tendances ne variaient pas aussi vite qu'au XXIe siècle. Je n'en avais que faire, je tournais les pages, que je connaissais par cœur, en m'imaginant avec les coiffures que j'aimais. J'évitais soigneusement toutes les coupes trop longues. Du court, du court, du court ! Laquelle pourrais-je bien faire ? Certes, je m'abandonnais à la rêverie, mais pas n'importe laquelle. Je voulais me couper les cheveux, mais il fallait que cela m'aille. Je voulais me sentir belle malgré tout. (Ah, nous y voilà, déjà si jeune, l'esthétique était plus importante, même pour moi !) Puisque la beauté, pour mes parents, passait obligatoirement par les cheveux longs. J'avais la ferme intention de leur faire changer d'opinion.

Et pour cause, ma propre mère, une fois sa séance de coiffure terminée, n'appréciait que rarement le résultat. C'est pour cela qu'elle se recoiffait toujours à sa manière aussitôt sortie du salon. Trop comme ceci, pas assez comme cela. Je ne comprenais pas cette contradiction : Annie est la seule personne que ma mère jugeait digne de la coiffer, car « elle connaît son métier et sait ce qui me convient, elle coupe bien » ; et dans le même temps, ce n'était jamais parfait, jamais comme il faut. « Pourquoi ne dis-tu pas que cela ne convient pas ? Qu'elle le reprenne avant que tu sortes au lieu de le refaire toi-même ? » demandais-je tandis que devant le miroir du pare-soleil de la voiture, elle se passait la main dans ses cheveux pour les réajuster. Je n'eus aucune réponse satisfaisante.

Annie connaissait jusqu'aux prénoms de mes frères et de mon père, sans même les avoir rencontrés. Maman avait su nouer avec elle *la* relation de confiance qui peut se tisser entre un coiffeur ou une coiffeuse et sa cliente. Malgré ce lien singulier, ma mère n'avait jamais osé lui dire que ce n'était pas exactement « ça ». Depuis ce jour, je me suis fait cette promesse solennelle de toujours exprimer mes souhaits et de répondre honnêtement à la question fatidique qui vient clore trois heures de ce que j'appelle du chouchoutage : « Alors, est-ce que cela vous plaît ? » « J'adore ! », « Ah non, là j'aime moins la façon dont vous avez disposé mes cheveux sur le dessus ; Ah oui ! Là c'est mieux ». D'autant qu'une fois adulte, j'ai observé que ma mère était loin d'être la seule dans ce cas. Nombre de mes connaissances sont souvent déçues en sortant de leur rendez-vous. Mon amie Céline, par exemple, en fait partie.

Alors qu'elle me rendait visite, j'avais constaté dès son arrivée sur le pas de la porte que son humeur clochait : « Tu es allée te faire coiffer, toi ? » Effectivement, quelques jours plus tôt, elle me disait vouloir éclaircir sa couleur de cheveux. Sa déception était pour le moins palpable. Sa mine boudeuse traduisait sa déconvenue :

— Je voulais plus clair.

— Alors pourquoi ne pas avoir dit ce que tu voulais précisément et que cela ne te convient pas ?

Son schéma était exactement le même que celui de ma mère : un coiffeur ou une coiffeuse de confiance, qui est jugé·e comme la seule personne digne et compétente pour s'occuper de ses cheveux, un professionnel ou une professionnelle connu·e depuis des années et, pourtant, impossible de faire preuve d'honnêteté en cas de déception. Cette fois, cependant, j'ai obtenu une réponse : « je ne sais pas, je n'ose pas ». Comme si seule cette profession détenait la vérité et la science infuse de ce qui devait convenir à tout le monde. Alors qu'on leur confie ce que manifestement beaucoup considèrent comme important – l'image de soi, la perception de sa beauté – pour en définitive sortir frustré·e·s. Quel dommage ! Que de gâchis. J'avais tellement attendu de pouvoir un jour passer sur ce fauteuil ! Quelle satisfaction cela devait être d'avoir *la* couleur tant rêvée, *la* coupe désirée. Depuis le temps que je me languissais, je me suis fait un devoir d'être franche.

En ce samedi de fin d'été, peu de temps avant ma rentrée des classes en 5e, Maman était allée voir Annie pour un petit rafraîchissement. Comme à l'accoutumée, j'avais insisté pour l'accompagner. « Annie, tu as le temps de couper les cheveux d'Aurélie entre deux rendez-vous, s'il te plaît ? » Pardon, je n'étais pas sûre d'avoir bien entendu ? Est-ce que je devais en croire mes oreilles ? Des années que j'attendais cet instant, et cela arrivait, comme cela. Heureusement pour moi, l'agenda de la professionnelle lui avait permis de répondre favorablement, sans quoi mon cœur ne l'aurait pas supporté. Sur le moment, j'avais cru qu'il allait exploser. Je ne tenais plus sur ma chaise lorsqu'il avait fallu demander à Maman, mes yeux embués d'espoir et de craintes : « Et Papa, il sera d'accord ? » Ma mère ne m'avait rien répondu de plus qu'un silence complice. Ne pas m'inquiéter et profiter de mon moment. Avec son petit sourire en coin, j'avais compris qu'elle ferait son affaire du potentiel courroux paternel. Non seulement j'étais la dernière des quatre enfants, mais j'étais surtout la dernière fille, la dernière de la famille à porter les cheveux longs. Mon plus grand plaisir à cet instant précis : voir autant de cheveux tomber au sol d'un coup, environ vingt à trente bons centimètres qui quittaient ma tête. Je n'avais de cesse de regarder par terre. « Lève la tête, s'il te plaît. Arrête de bouger ! Tiens-toi tranquille ! » me sermonnait Annie pendant qu'elle essayait de faire correctement son travail. Enfin !

C'était il y a vingt ans, pourtant je m'en souviens comme si c'était hier. Je passais mon temps à sourire, béate, pendant qu'Annie œuvrait. Pourtant, le résultat fut tout ce qu'il y a de plus commun : un carré banal à hauteur d'épaules, sage, toujours avec cette même frange. J'aurais préféré avoir une coupe aussi courte que celle de ma cousine du même âge, mais tant pis. C'était déjà tellement bon à prendre. J'étais si fière de ma nouvelle coupe de cheveux, j'aurais souhaité que le monde entier me voie. Et, par le monde entier, je pensais avant tout à mon père.

Papa n'avait pas pu venir nous chercher en voiture. Il avait à faire, alors maman et moi étions rentrées à pied. Je sentais mes cheveux bouger au rythme de ma démarche. J'étais dehors, les cheveux lâchés, mon élastique autour du poignet. Rendez-vous compte, mes cheveux étaient libres, détachés ! En arrivant à proximité du portail de la maison, je voyais déjà Papa dans son jardin. C'est toujours là qu'il se trouvait. À notre approche, il avait levé la tête de la terre qu'il aimait tant travailler. Il m'avait dévisagée longtemps. Il était debout, tel un suricate qui guettait son territoire avec un regard perçant. Mon père a toujours parlé peu : les mots les plus importants se devinent dans ses yeux. J'y ai lu beaucoup d'expressions ce jour-là, notamment celle que j'attendais le plus : « Je ne t'en veux pas ma fille. » Il n'était pas ravi pour sûr, il aurait préféré que ma mère, cette inconsciente, ne cédât pas à mes suppliques de cheveux courts. Mais voilà, ce qui était fait ne pouvait être défait, il n'en voulait ni à sa femme ni à sa fille. M'a-t-il vue grandir d'un coup ? Quoi qu'il en soit, j'avais ouvert la boîte aux trésors. Pour la première fois de ma vie, j'allais me voir autrement qu'avec des cheveux longs sur la traditionnelle photo de classe en cette deuxième année de collège. J'arborais ma nouvelle coupe avec fierté, le regard droit devant, cette tête haute et ce si grand sourire de contentement et de satisfaction, immortalisé à jamais.

Alors oui, mon cher frérot, cette fois encore plus, je voulais surprendre mon père. Un autre temps, un autre jardin, une autre coupe, mais plus courte. De la même manière qu'il avait vu la fillette se transformer en adolescente, je voulais que mon père soit fier de la jeune fille devenue femme. Mais je n'ai pas eu l'occasion d'avoir ce second moment ; je me le suis fait voler à l'instant où j'ai partagé cette photo sur les réseaux sociaux, loin de m'imaginer cette chamaillerie puérile entre frère et sœur.

« Et donc, maintenant que tu lui as montré ma trombine, qu'a-t-il répondu ? demandé-je à mon frère par SMS.

— Rien, mais il n'était pas content… » Argh, ces fichus trois petits points qui veulent tout et ne rien dire dans les SMS. Bordel, remplissez-les, que l'on sache vraiment ce que cela signifie ! Déjà que Papa n'est pas très loquace, si je dois en plus imaginer son discours sans l'avoir en face de moi, je ne m'en sortirai jamais !

J'ai donc envoyé ceci à mon frère : « Eh bien, tant pis. »

À mon arrivée à la maison familiale en plein été austral, j'arborais toujours ma tête fraîchement rasée de près. Nous avons peu parlé avec mon père. Il ne m'a rien dit, rien confié, comme à son habitude. Et je n'ai pas non plus posé la question. J'ai compris les émotions dans son regard. Ma mère, beaucoup plus prolixe, me confia ne pas avoir compris mon geste.

— Ça fait bizarre. Quand ton frère m'a montré la photo, je me suis demandé pourquoi tu avais fait ça.

— Et maintenant ? lui dis-je.

— Maintenant que je te vois…

Silence. Je me rappelle une longue période d'hésitation, celle nécessaire au choix des mots les plus justes. Le temps s'est arrêté. Puis, contre toute attente :

— Ça te va bien. Tu es belle, ma chérie !

NUE SUR LA PLACE PUBLIQUE

Entre les commentaires sur les réseaux, les réactions de mes parents face à ce cliché, celle très inattendue de mon frère, celles et ceux qui approuvent, désapprouvent, les passants que je croise, je commence à me questionner. Je veux comprendre. Abandonner volontairement les cheveux me permet de réaliser à quel point nous entretenons un rapport très particulier avec eux. Et je ne parle pas de ma modeste personne uniquement, non. Tout un chacun, tous et toutes, et ce depuis toujours.

Ce lien si particulier aux cheveux remonte à des temps immémoriaux : la naissance. On s'émerveille que le nouveau-né ait déjà des cheveux (mon père par exemple !). S'il en a de façon remarquable, le poupon se transforme en phénomène sur Internet. C'est le cas de Baby Chanco[1], dont les photos ont fait le tour du monde grâce aux réseaux sociaux. Pourtant, on s'étonne au moins tout autant s'il en est dépourvu. S'il s'agit d'une fille, très vite et

---

1. Baby Chanco est une petite fille japonaise dont la popularité a explosé sur les réseaux sociaux en 2018 car, du haut de ses quelques mois, le poupon avait déjà une chevelure très fournie. À seulement un an et après les nombreux buzz médiatiques, la petite fille est devenue mannequin capillaire pour la marque Pantene. Oui, oui, vous avez bien lu !

pour bien faire le distinguo avec un garçon (il ne faudrait pas que des passants indélicats confondent avec l'autre sexe, quelle infamie), on l'accessoirise avec des barrettes, on la coiffe, on lui met des serre-tête et autres bandeaux qui n'ont d'autre utilité que de faire « mimi choupinette trognon tout plein » car, à cet âge, une petite fille a-t-elle vraiment besoin que ses cheveux soient tenus par un bandeau ? Pourquoi ne pas les couper, tout simplement ? Dans le cas où les parents, au sein de mes cercles amicaux, ont un garçon, je remarque qu'ils n'hésitent pas du tout : on lui coupe les cheveux s'ils lui tombent dans les yeux. Mais une fille, non !

Après la pouponnière, direction la crèche ou l'école. Hors de question de négliger son petit bouchon pour son entrée dans le cadre social. Il faut le préparer et lui apprendre à se rendre présentable. Le traditionnel coiffage du matin s'installe dans nos vies, au même titre que le brossage des dents. On se peigne les cheveux le matin *a minima*, le soir, voire à d'autres moments dans la journée pour les plus méticuleux. Il les faut propres, sans pellicules, toujours bien mis sinon nous voilà négligés, sans hygiène. Le cheveu mal peigné est déjà grave en soi, mais alors, un cheveu sale, c'est l'opprobre garanti ! La scolarisation ferme le bal des réjouissances en apportant ce qui constitue la préoccupation capillaire de tous les parents, le pire cauchemar des cours de récréation, j'ai nommé les poux et autres lentes. À vos peignes fins et shampoings antiparasitaires.

Et cela ne s'arrête pas là ! Ce lien capillaire prend de l'ampleur à l'âge dit « ingrat ». Cela était déjà vrai lors de ma propre adolescence, pourtant je continue de faire ce constat à la sortie des collèges et lycées. Pour les timides ou les rebelles, la mèche de cheveux ou la frange s'érigent en barrière imparable derrière laquelle se terrer et passer inaperçu·e, avoir la paix des parents, des professeurs, mais aussi de toute personne de cette foutue société qui ne comprend décidément rien à rien. Pour les plus créatifs et en même temps que l'adolescence bouscule toutes les certitudes, les cheveux évoluent en un moyen d'expression extraordinaire par lequel chacun et chacune expérimente : on se cherche. Par essence rebelle, l'adolescent·e cherche parfois la provoc' en rejetant l'image traditionnelle que les parents projettent sur lui ou elle. Certaines filles vont donc vouloir des couleurs improbables, avoir les cheveux courts tandis que certains garçons vont, au contraire, les laisser pousser et les teindre aussi parfois. Tout devient possible, on essaie, on tâtonne. On adore ses cheveux parce qu'ils sont brillants, on les déteste lorsqu'ils frisent sous la pluie, on les hait pour leurs épis indomptables, même après des heures de vaines tentatives devant son miroir au petit matin, on les maudit parce qu'ils perdent tout leur volume cinq minutes après un coiffage. On les préférerait raides, c'est dommage, ils sont plutôt bouclés. Nous sommes des éternels insatisfaits de nos cheveux.

L'âge adulte arrive : tout le monde, ou presque, rentre dans le rang, plus rien ne doit dépasser. Insidieusement, les cheveux ont fini par occuper cette place si prépondérante dans nos vies. Jusqu'à développer une relation de l'ordre de l'intime avec eux. On les tripote, on prend une mèche et on se la passe sous le nez, on les sent toute la journée durant. Qu'ils soient courts, longs, attachés ou non, homme ou femme, ces réflexes ne varient que peu. On se les touche tout le temps, on passe sa main dans ses cheveux pour toutes les motivations possibles et imaginables : les recoiffer, leur redonner du volume, les remettre derrière les oreilles pour les tenir, se donner une contenance en cas de stress, les triturer et jouer avec pour passer le temps, rêvasser en salle de classe[1]. En lisant, en écoutant quelqu'un parler en réunion, en regardant la télévision,

1. Mon médecin généraliste m'a expliqué avoir appris les causes de ce comportement en troisième année d'études. Ces réflexes apparaissent dans les premiers mois de la vie d'un nourrisson. Pour se rassurer lors des moments de séparation notamment, l'enfant se touche et se caresse le visage ou la tête et, par extension, les cheveux. Cette façon de nous auto-apaiser est ancrée depuis lors et voilà pourquoi, adultes, nous continuons de le faire !

en travaillant, certaines personnes passent même la plupart de leur temps à les attacher puis à les détacher dans l'instant qui suit. Elles peuvent recommencer ce même rituel plusieurs fois de suite de façon totalement inconsciente, elles mettent une pince et puis finalement non, elles hésitent. Quand on passe devant un miroir, impossible de ne pas vérifier si la coiffure est toujours bien apprêtée. Ce n'est pas le cas ? Ni une ni deux, il faut remettre de l'ordre dans sa tignasse. Sans cheveux, plus possible de faire tout cela : le nombre de fois où je me suis touché la tête pour me rendre compte que non, je ne peux plus le faire ! Trois millimètres que je ne peux plus approcher de mon nez pour mieux les respirer, encore moins les « coiffer » au quotidien. Je porte régulièrement la main à mes cheveux absents sans même m'en rendre compte, jusqu'à cette microseconde où le ridicule me gagne alors. Eh oui, Aurélie, rappelle-toi, tu as dit adieu à tes cheveux.

Forte de ces constats, je me suis renseignée. Les Français et Françaises prennent grand soin de leurs cheveux. Ce marché pesait 6 milliards d'euros de chiffre d'affaires en 2018 pour 179 743 actifs, d'après l'Union nationale des entreprises de coiffure. Il y a plus de salons de coiffure dans l'Hexagone (près de 85 000) que de boulangeries (environ 35 000) ! La coiffure constitue la deuxième profession en France après la maçonnerie générale ! D'autant que les cheveux repoussent à l'infini ou presque alors nous rendons, aussi souvent que nécessaire, visite à nos coiffeurs et coiffeuses. De la même manière que l'on se coupe régulièrement les ongles, on va chez son coiffeur ou sa coiffeuse pour couper « juste les pointes » ou y aller plus franchement, les dorloter de masques et autres soins, faire une couleur ou encore les friser. D'ailleurs, ne dit-on pas lorsque nous arborons un nouveau look que nous avons « changé de tête » ou que nous avons « une nouvelle tête » ? C'est dire la prévalence qu'ils peuvent avoir sur notre perception d'un visage. Si l'on passe du court au long, comme par magie, on change de tête. Pourtant, seuls des cheveux ont été coupés ici, pas de tête complète pour en changer. Je m'imagine la scène : à côté de son étagère à shampoings, le coiffeur ou la coiffeuse a installé son étagère à têtes interchangeables. Hop, lorsqu'on arrive pour se (re)faire une beauté, on se dévisse la tête, on choisit sa tête préférée sur l'étagère, on revisse. Le tour est joué : facile, rapide et pratique, il ne reste plus qu'à breveter le concept de la tête en kit.

Les cheveux sont numéro 1 au top 50 de nos vies comme ils sont numéro 1 sur notre visage. Si, si, regardez attentivement. Faites cette expérience : pensez au dernier inconnu, à la dernière inconnue croisé·e avant de vous plonger dans ce divertissant et non moins utile récit. Vous allez vous souvenir de cette personne de façon très évanescente, mais je parie que la description pourrait ressembler à cela. Vous vous rappellerez sa taille, sa corpulence, sa couleur de peau et ses cheveux, *a priori* leur teinte et leur longueur approximative. Il se pourrait d'ailleurs que vous évoquiez les cheveux bien plus tôt. C'est dire à quel point ils participent, rien que sur cet instant, à décrire une personne et donc à la définir. Je vais finir par lancer une pétition : remplacer l'expression : « Cela se voit comme le nez au milieu de la figure » par « Cela se voit comme des cheveux sur la tête », puisqu'il est peu probable que vous ayez évoqué la taille du conduit respiratoire de votre cobaye avant ses cheveux. Ces derniers font partie intégrante de la description que vous donnerez d'une personne.

Depuis la nuit des temps, nos civilisations et nos histoires nous ont éduqué·e·s au moyen de contes, de mythes et de légendes, et sont parvenues à biaiser, à influencer d'une et une seule manière notre vision de la chevelure et de son importance dans nos vies. Ma première pensée va à Raiponce et à ses cheveux interminables. Attention, je ne parle pas de la version édulcorée de Disney mais bien de l'originale, le conte des frères Grimm dans lequel la sorcière coupe les cheveux de Raiponce pour la punir et l'empêcher de faire monter le prince jusqu'à elle, après s'être aperçue de sa désobéissance. La sorcière leurre ensuite le malheureux avec ces mêmes cheveux, lui laissant entendre que Raiponce l'appelle.

Qu'est-ce qu'une petite fille lisant cette histoire peut en retenir ? Que les sorcières sont méchantes ? Certes, si l'on ne s'intéresse qu'au premier niveau de lecture. J'y vois, pour ma part, un élément à plus fort impact : les cheveux sont élevés ici au rang de trésor, de Graal absolu. Privée de ses cheveux, la liberté de Raiponce semble disparaître avec eux. Ses cheveux constituaient en effet, même depuis sa geôle, son unique source d'évasion. Quelle meilleure punition donc que de les lui retirer ? Tu désobéis, tu es une vilaine fille, alors je vais te couper les cheveux. Une enfant peut-elle avoir envie de renoncer à sa chevelure ? Si on ajoute à cela l'interprétation de Disney et sa belle princesse en robe rose, hors de question de vouloir donner du ciseau. Une fois que la fillette s'est bien identifiée à la protagoniste, impossible qu'elle ne veuille pas une longue chevelure similaire (donc si possible magique d'ailleurs) et le garçon voleur en prime (pour une fois que ce n'est pas un prince riche !).

Après cette démonstration édifiante de l'importance du capillaire, il est aisé d'associer la disparition des cheveux à une amputation, provoquant incompréhension et incrédulité. Je le comprends bien maintenant que mes cheveux sont tombés de ma tête en même temps que de leur piédestal. Même si je cherche sans cesse à me replacer les cheveux derrière les oreilles, je ne trouve que le vide. J'ai certaines difficultés à appréhender mon ressenti face à cette situation. Cela est devenu étrange, bizarre maintenant qu'ils ne sont plus présents. Jusqu'à réaliser ceci : sans mes tifs, je me suis retrouvée toute nue. Nue comme un ver, sur la place publique, jetée dans la fosse aux lions. Je ne peux même plus me cacher derrière une frange ou une mèche.

Après la piscine et le bain de minuit, changement de décor avec la rue ! Vous êtes-vous déjà baladé·e nu·e dans la rue ? (Cette question ne s'applique pas aux amateurs ou amatrices de nudisme étant donné que des espaces réservés leur sont octroyés. L'impression de contraste entre soi et les autres s'annule donc.) À moins d'une déviance sexuelle sur laquelle je n'aurais pas envie de m'attarder ou d'être un des protagonistes de l'émission « Nus & Culottés[1] », la réponse classique et plutôt attendue à cette question est NON. Eh bien, moi, je l'ai fait, sans même le vouloir ! En revanche, qui n'a jamais fait ce mauvais rêve de se retrouver nu·e devant une audience que l'on estime, telle que des responsables hiérarchiques, des élèves ou encore une assemblée devant laquelle on s'apprête à donner un discours ? J'ai compris pourquoi il est si rude de flâner crâne nu dans la vie. On est à poil ! On se retrouve dans un état de vulnérabilité sévère. Sacrée épreuve pour l'amour-propre et la pudeur !

Nos cheveux constituent un vêtement de tête, à la manière de bonnets naturels. Vous viendrait-il à l'idée de sortir sans pantalon dans la rue (une fois de plus, la réponse classique attendue est le plus souvent NON) ? Je l'ai fait, « sans chemise, sans pantalon », enfin, sans cheveux pour faire plaisir à Rika Zaraï. Dans le plus simple appareil, sans rien d'autre que mon cuir de tête qui, soulignons-le, ne peut plus être qualifié de chevelu. Maintenant que mon couvre-chef capillaire n'est plus à une place si capitale dans ma vie, j'appréhende mieux la réalité de celles et ceux pour qui il est indispensable. Jusqu'à toucher du doigt les raisons pour lesquelles cette idée peut même devenir insurmontable pour le commun des mortels.

Au-delà de me positionner dans la nudité, le renoncement à mes habits d'humaine, et plus particulièrement de femme, m'a rendue méconnaissable. Certaines personnes, lorsqu'elles me revoyaient pour la première fois, pouvaient passer à quelques centimètres de moi sans même s'arrêter. Elles levaient donc le nez pour me chercher.

---

1. Émission de télévision française créée par Nans Thomassey et Guillaume Mouton. Les deux acolytes partent sans rien, nus et sans argent dans un périple au cours duquel ils n'auront que le troc et la gentillesse des personnes rencontrées pour manger, s'habiller, se loger afin d'atteindre un objectif différent à chaque nouvel épisode.

Bon sang, mais c'est bien sûr ! J'ai changé de tête, j'en ai vissé une nouvelle sur mon cou ! Pauvres d'elles, comment pourraient-elles deviner que je me tiens là, juste sous leurs yeux ? « Ohé ! je suis là ! » À mon appel, j'étais frappée par leur état de stupeur, allant jusqu'à la consternation pour certaines. Leurs bouches s'arrondissaient avant que les mots ne puissent en sortir, comme coincés. « Ah ! ça… change. » Puis, comme pour s'excuser d'avoir été sous le choc de nos retrouvailles, ces premières paroles étaient immédiatement atténuées par : « Mais ça te va bien *en fait.* » Je l'avoue sans honte, ces réactions me renvoient au statut d'une bête de foire. « Ça choque, ça change, [silence empli de cette gêne impossible à dissimuler. S'écoule alors le temps nécessaire et indispensable dans la sélection du mot le plus approprié à la situation, bien qu'il commence à tarder], mais ça te va bien. »

POURQUOI, POURQUOI ET POURQUOI PAS ?

Enfant, je posais de nombreuses questions. Tout le temps. Ma mère, en première ligne à devoir faire face à mon insatiable curiosité, aurait dit « beaucoup trop de questions ». Ne parvenant plus à répondre, elle me renvoyait vers les dictionnaires et autres encyclopédies. À mon médecin de famille ensuite. Je l'interrogeais sur tout ce que je voyais. C'est normalement à lui de poser les questions pour diagnostiquer les maladies. Pas avec moi. À peine arrivée, je m'empressais de passer de l'autre côté du bureau. Je pointais alors du doigt tous les objets dont je voulais connaître le nom et l'utilité. Et ce médecin plein de bonhomie me répondait avec une patience à toute épreuve. Certains traits de caractère sont immuables, et mes camarades d'études supérieures rejoignaient ma mère et mon médecin sans même les connaître. Lorsqu'un cours tirait sur sa fin, on me fusillait parfois du regard, me sommant de ne pas poser ladite question qui retarderait notre sortie. Le destin a pris une sacrée revanche sur ma curiosité le jour où je me suis décapé le crâne. Et encore plus quand je suis revenue de vacances. J'ai été assaillie de questions auxquelles je ne trouvais pas non plus de réponses. Et même la meilleure édition du *Petit Robert* n'y aurait rien changé. Les indiscrets et les indiscrètes ont au moins eu pour eux d'être inventif·ve·s, et j'étais loin d'être prête à affronter le raz-de-marée du retour au bureau.

Il y a le curieux rhétorique tout d'abord : « Mais qu'est-ce que tu as fait ? » C'est pourtant assez flagrant, cela se voit comme le nez au milieu de la figure. Pardon, je voulais dire comme des cheveux sur la tête. Je me suis rasé le crâne ! Le méthodique s'attache, lui, à la manière de procéder. « Comment as-tu fait ? » Simplissime, avec le matériel généralement utilisé pour couper des cheveux (non, définitivement, la tondeuse bikini ne fonctionne pas dans ce cas). « Comment cela t'est venu, tu as fait cela comme ça, sur un coup de tête ? » Évidemment, un jour où j'allais me faire couper les cheveux, la coiffeuse a trébuché et m'a mis un coup de tondeuse. « Oups, je suis désolée, je me suis pris le pied dans le fil. » Foutue pour foutue, je lui ai dit de tout raser. « Quand as-tu fait ça ? » Journaliste d'investigation. Était-ce un lundi, un mardi, un vendredi ou bien un dimanche ? Était-ce le jour, la nuit ? Le matin, le midi, le soir ? Voudrais-tu également savoir de quelle couleur étaient mes chaussettes, car on ne dit pas assez à quel point le choix des couleurs est déterminant à l'habillage. Ma réponse à ce « quand » n'allait sûrement pas changer la face du monde.

Ça y est, le contexte est posé ! La question tant redoutée peut alors tomber. « Et pourquoi ? » Analytique. Je réponds donc « et pourquoi pas ? ». « Pourquoi tu as fait cela ? C'est dingue ! » Que suis-je censée répondre au juge des mœurs qui me traite ouvertement d'illuminée ? « Mais pourquoi tu as fait ça, tu es folle ? ! » Une, puis deux et trois, j'ai dû arrêter de compter au quatrième « pourquoi », bien trop souvent moralisateur. « Ne vas-tu pas le regretter plus tard ? » Rabat-joie, comment pourrais-je le savoir ? Je regrette seulement cette colle que tu me poses. « Comment t'as fait ? Je ne pourrais pas moi, j'ai le crâne plat moi ! » Eh bien, j'ai décidé d'accepter tous les crânes, les plats, les cicatrisés. « Mais comment savais-tu si cela allait t'aller ? » C'est bien là que le bât blesse, cher objecteur ou chère objectrice. Fichtre que je n'en savais rien ! « Et combien de temps cela va durer tout ça » ? Quelle impatience, qui vivra verra !

D'aucun·e·s s'interrogent mais, en fins limiers, ont déjà les réponses. « En fait tu as fait un gros craquage, tu es en dépression et tu fais comme Britney Spears ? » Un vrai détective, bravo lieutenant Columbo. « Avoue, tu avais des poux ? ! » Humoristique. Il fallait nécessairement une raison explicable à tout cela. « Tu as fait cela volontairement ? Non pas possible, tu as perdu un pari, ce doit être ça. » Non, personne ne m'a attachée sur une chaise, c'est promis. La dépression, les poux, la folie suffisent à expliquer mon comportement. La maladie peut, quant à elle, tout justifier, mais on ne peut même pas chuchoter son nom. Dans ce moment qui s'étend, qui dure, ponctué de silences gênants, de malaise et d'hésitation, ce moment interminable. « Euh… Ce… Ce n'est pas le… ? » Sans parvenir à prononcer le funeste mot commençant par un « c ». Couardise. Assume bon sang ! Oui, le mot est *cancer*. C'est comme cela qu'on dit. Mais non, je ne suis pas sous chimiothérapie. Les enquêteurs sont courageux mais pas téméraires.

La grande inquisition porte de façon assez logique sur ma personne, mais pas uniquement. Après tout, je ne suis qu'une simple femme, le deuxième sexe, la cinquième roue du carrosse. « Ton mari est-il d'accord ? » Rétrograde, n'est-ce pas ? « Et ton mari, il en pense quoi ? » Vieux jeu. Si choquante soit-elle à notre époque, j'ai entendu cette interrogation à maintes reprises. Et quand ce n'est pas une figure d'autorité, c'en est une autre : « Qu'a dit ton employeur ? » Syndicaliste ! Je vous remercie de vous préoccuper du bien-être des personnes qui m'entourent ou osent donner du travail à l'hurluberlue. Aurais-je dû leur demander une autorisation préalable les déchargeant de toute responsabilité devant une telle folie ?

Enfin, il y a les curieux paparazzis, ceux qui donnent dans le sensationnel. « Oh non ! mais qu'est-ce que tu as fait ! » D'une voix atterrée, dépitée comme jamais :

« Tu n'aurais pas dû faire cela, on voit la démarcation », sous-entendu de la peau blanche de mon crâne par rapport à celle un peu moins blanche de mon visage. Un esthète pour sûr. Ah ! mince, je suis effarée. Je ressemble effectivement à un Malabar© bigoût. « Bonjour, mais qui êtes-vous, on se connaît ? » m'a répété systématiquement un client lorsqu'il me croisait pour me saluer. Pendant six mois, il a joué cette même « blague ». Heureusement pour ma santé mentale, je ne croise pas le radoteur tous les jours. « Je peux toucher ? Ah ! (mouvement de recul lorsque les doigts entrent en contact avec ma tête), c'est trop bizarre. » Si j'étais enceinte, j'aurais le droit au double effet gagnant de l'inconnu qui veut me toucher le ventre et la tête, alouette.

Pourquoi pourquoi pourquoi... Le disque est un peu rayé. Cela me rappelle une chanson du groupe français Les Wriggles, dont la quasi-intégralité des phrases commence par « Pourquoi[1] » :

« Pourquoi l'électrocution ?
Pourquoi la ratatouille ?
Pourquoi pas l'inflation ?
Pourquoi ma voix se barre en couille ?
Pourquoi les seins en silicone ?
Pourquoi, "c'est quoi les couches seniors" ?
Pourquoi l'opération pièces jaunes ? »

C'est partout, tout le temps, que je connaisse plus ou moins bien mes interlocuteurs et interlocutrices. Cela ne constitue ici qu'une toute petite idée de ce que cela peut provoquer de se présenter au monde sans l'apparat capillaire traditionnel. Une avalanche de curiosité, d'interrogations toutes très frontales, aussi bien violentes que pleines de gentillesse parfois. J'en passe et des meilleurs, bien que cette expression ne soit plus tout à fait adaptée dans ce contexte. Certes, mon style est plus radical qu'à l'accoutumée, mais j'ai simplement changé de coupe de cheveux !

---

1. Titre du groupe Les Wriggles sorti en 2002 appartenant à l'album *Ah bah ouais mais bon*.

Oui, cela est très court, mais de là à me faire passer un interrogatoire de police judiciaire !

Je suis pourtant une femme comme tant d'autres, pas plus déjantée, dépressive ou courageuse. Une femme ordinaire. Une femme qui décide tout simplement. J'ai décidé de me raser les cheveux parce que j'en avais envie. Mais non, les réactions me laissent entendre que cette raison est beaucoup trop banale et surtout non suffisante et nécessaire. Mais trop tard. Je l'ai fait. Et je continue de le faire parce que cela me plaît, malgré toutes vos remarques.

Tandis que cela m'a pris des semaines pour conforter ma volonté, je n'aurais pu entrevoir que tout le monde allait me rétorquer que j'avais fait cela sur un « coup de tête ». C'est vexant, tout de même, après toutes ces heures carrées à me torturer : non, ce n'est pas une « folie passagère ». Je comprends mieux désormais pourquoi j'ai eu tant de difficultés à me décider. Les choses sont relativement simples pour moi, c'est bien vis-à-vis des autres qu'il y a des conséquences. « Si tu as choisi de faire ce geste, tu dois l'assumer » devient mon nouvel adage. Je vais le porter avec fierté et me départir des jugements, ne pas les subir, voire les affronter : oui c'est différent, inhabituel, et alors ? Ma décision, mon histoire.

*

« Maman, pourquoi la dame elle n'a pas de cheveux ? » Oui, cela fonctionne aussi dans les rues, avec les enfants ! Ils disent tout haut ce qu'ils pensent sans se soucier des conventions sociales, ne les maîtrisant pas encore tout à fait. C'est là toute la beauté de l'innocence enfantine. S'ensuit alors ce moment truculent où le parent – souvent dans l'embarras – veut avancer plus rapidement, changer de trottoir, ou détourner l'attention de l'enfant sur autre chose afin de se sortir de cette situation délicate le plus discrètement possible. « Maman, pourquoi la dame elle n'a pas de cheveux ? », « Oh ! regarde Papa, la dame, elle est chauve ! » tout en me pointant du doigt. Le plus frappant reste le regard de concert avec leurs interrogations : les bambins me dévisagent du bas vers le haut, avec de grands yeux écarquillés, fixés à ma silhouette. Alors à mon tour, je les regarde, yeux dans les yeux. J'attends, je leur souris. Ne pas dramatiser la situation car, oui, je n'ai pas de cheveux et cela ne doit en rien leur poser un problème (autant leur apprendre le plus tôt possible) ! Dès qu'une occasion se présente, je la saisis afin d'apporter une réponse à la fameuse question : « Eh bien ! parce que j'ai eu envie de les couper. » La curiosité des enfants est bien plus aisée à satisfaire. Leurs regards sont si touchants, ils ne contiennent pas une once de jugement. Ces mômes veulent juste comprendre le monde qui les entoure. Un lieu peuplé à plus de 80 % de chevelu·e·s et 20 % d'ovnis pour ces petits et petites, parmi lesquels des personnes chauves, des personnes sous traitement ou atteintes d'alopécie et enfin des soi-disant toqué·e·s, comme moi. Cette innocence m'attendrit. Mais nous sommes bien loin de vivre dans le monde de Candide. En effet, les enfants sont si mignons parce qu'il y a, par opposition, les adultes.

Les émotions ne se dissimulent que bien difficilement au travers d'un regard : la surprise, la haine, la joie, l'amour. Pléthore de sentiments peuvent se lire dans les yeux de l'interlocuteur ou de l'interlocutrice, dont le teint varie et passe par toutes les couleurs possibles et imaginables à la vue de votre crâne tout nu. À chaque nouvelle personne avec qui j'interagis, la question arrive, implacable : « Pourquoi ? » Nous y revoilà. Pourtant, le jour où je choisis de mettre mon jean bleu foncé avec ma veste ocre, croisée sur le devant, là curieusement, personne ne vient m'interroger sur mes motivations. En revanche, pour une tête rasée, la finalité prend le pas sur l'acte. On juge à ma place le bien-fondé d'avoir « osé faire un truc pareil ». La déception dans l'œil lorsque je réponds : « Parce que j'en avais envie. » Cette explication est loin d'être satisfaisante. Cette réponse n'est pas à la hauteur de tous les regards éberlués qu'on me jette. Je finis donc par répondre, lasse : « Parce que. »

Cette lassitude combinée à ma nouvelle vulnérabilité a fait place à une certaine forme de colère. Je cherchais, à chaque nouveau « Pourquoi », une riposte pour faire face à l'œil réprobateur. Qu'aurais-je fait si je n'étais pas affirmée dans mes choix ? Et si cette nouvelle coupe que j'ai choisie ne m'allait pas suffisamment aux yeux de la société, que se serait-il passé ? L'attitude de l'ensemble de mes détracteurs aurait pu avoir un réel pouvoir de destruction. Sous prétexte que cela est visible, tout un chacun se permet désormais de me donner son opinion sans que je la lui réclame. Eh bien non ! Cela ne signifie en rien que j'avais envie de collecter les votes à travers un référendum précédé d'un grand débat : « Approuvez-vous, oui ou non, le récent changement capillaire de Madame A. ? » Chacun. e est libre de ses convictions, certes. Il serait dramatique d'interdire de les exprimer, mais j'ai, pour ma part, le droit de ne pas vouloir les entendre toute la journée durant. Souvenez-vous de ce film avec Mel Gibson[1] qui, du jour au lendemain, entend tout ce que les femmes pensent sans qu'elles aient pris la parole. Fatalement, il finit par entendre des pensées qui le concernent très directement. Il en devient dingue. J'ai tendance à le comprendre, puisque c'est exactement ce qui m'arrive.

Je dois sans cesse me justifier. Les commentaires, les chuchotements dans la rue à mon passage, les interpellations, les sifflements, les gloussements, les regards, les cris de surprise. Pourquoi ? Aussi bien de mon côté que de la partie adverse, nous nous demandons tous pourquoi. J'ai ma réponse. Le monde entier en attend une autre. Il doit *forcément* y avoir une justification absolue, pure et parfaite. « J'ai sacrifié mes cheveux pour la fabrication d'une perruque en cheveux véritables » ou « J'ai apporté mon soutien à une amie en chimiothérapie ». Là, cela en jette, j'ai un storytelling en béton. Imparable, personne ne

1. *Ce que veulent les femmes* est un film sorti en 2000 avec Mel Gibson et Helen Hunt. À la suite d'une chute dans sa baignoire, le héros Nick, qui jusqu'ici avait énormément de difficultés dans ses communications et relations avec les femmes, entend toutes leurs pensées.

peut critiquer un geste aussi altruiste. Mais ce n'est rien de tout cela. La raison profonde est tellement plus insipide, fade, égoïste même. Mais est-ce si grave lorsqu'il s'agit de sa propre coupe de cheveux ?

Que ce soit au bureau, dans le métro ou dans la rue, j'ai ressenti beaucoup de violence, j'ai eu l'impression d'être à la merci de mon prochain. Au début, j'en riais, car je suis ainsi, mon arme favorite est la prise de distance par le rire mais, parfois, j'ai eu envie de déposer les armes. J'ai subi déjà, comme beaucoup trop de femmes dans les rues et plus particulièrement dans les grandes villes, le harcèlement banalisé. Dorénavant, je déchaîne les passions. Ce serait mentir de prétendre que, là encore, je n'avais pas pensé à cette éventualité. Mais j'ai beau le savoir, personne n'est préparé à vivre cela. Oui, certains regardaient bien plus que d'autres. Je n'envisageais pourtant pas que cela puisse atteindre de telles proportions. Partout, tout le temps, tous ces regards insistants. La discrétion était le cadet de leur souci. En définitive, je préfère encore être pointée du doigt par des gosses et le disque rayé « Pourquoi » plutôt que de subir l'indélicatesse ravageuse des esprits adultes étriqués.

LE MAL GANGRÈNE LA RUE

Rien, absolument rien, ne constitue un obstacle dans l'objectif de drague lourde de l'autoproclamé Don Juan. Que je sois en pleine discussion au téléphone ou marchant d'un pas visiblement pressé, les Roméo de la *street*[1] tiennent absolument à me déclamer ces quelques vers : « Vraiment trop belle avec cette coupe. » Et quand je dis « rien », c'est rien. Pas même un contexte professionnel, quand la tête n'est pas du tout à cela.

Comme souvent, entre deux réunions, je dois passer d'un bâtiment à l'autre rejoindre la nouvelle salle de réunion. Or je travaille sur un site de trois bâtiments indépendants, mais reliés à certains étages par une passerelle fermée de baies vitrées. Cela permet d'enchaîner les rendez-vous, comme tout·e bon·ne salarié·e productiviste, sans emprunter les entrées principales. C'est certes plus rapide, mais par beau temps, ces passages se transforment en four sans thermostat réglable. Alors pour éviter la bouche de l'enfer, je prends plaisir à passer par l'extérieur et flâner quelques instants à l'air libre, ordinateur sous le bras. M'octroyer une escale au soleil, m'offrir ne serait-ce

1. De l'anglais, « de la rue ».

qu'un court instant le plaisir de traverser la rue, pouvoir penser à autre chose qu'à ma *todo list* du jour.

Or, ce jour-là, il faisait très beau et chaud. Je privilégiais donc le bol d'air. Me voilà interpellée par un homme stoppant le déchargement de son camion. Il m'approche : « *Mad'mouazelle*, vraiment, cette coupe, ça te va trop bien. » Devant mon absence de réaction, il insiste le bougre : « Ouaaah ! trop belle Madame. Superbe la coupe, ça vous va trop bien. Trop belle ! » Le vouvoiement change décidément la donne. L'approche en est tout de suite tellement plus poétique et, surtout, d'une efficacité rare !

N'y tenant plus, je reviens sur mes pas et lui lâche, rageuse : « Mais non, en fait, je ne vous permets pas. » Je reprends le cours de mon trajet vers le bâtiment, tentant d'évacuer ma rage, histoire de rester un minimum concentrée avant d'entrer dans ma salle de réunion. Ah ! je n'étais pas déçue de mon escale ! C'en est trop. De quel droit vient-il me héler pour me dire un truc pareil ? Changer de coupe de cheveux, si originale soit-elle, n'est pas un droit ouvert à la critique publique. J'en ai assez de me taire, de serrer les dents et de les laisser faire alors que je n'en pense pas moins. Si je ne dis rien, j'accepte tacitement cette attitude. Ce fameux : « Laisse, ne te formalise pas, laisse courir, ce n'est rien. » C'est *tout* sauf rien. Ne jamais poser de limites à ces personnes leur offre tous les droits sur un plateau d'argent. Ils vont poursuivre leur travail de sape sur d'autres individus. Alors, depuis cet incident, lorsque je « sens » que je peux m'exprimer en sécurité sur le sujet, sans risquer pour mon intégrité physique ou morale, j'ouvre ma gueule. Oui, oui, fini de se taire. Je décide de l'ouvrir grand. Le harcèlement quotidien auquel je faisais déjà face quand j'étais chevelue s'est transformé, il est devenu plus fréquent. Seul le crâne rasé très court est parvenu à produire cet effet chez les passants masculins. Comme si, par ma coupe, j'avais donné le droit à tout. J'ai moi-même osé, alors tout un chacun ose à son tour. En conséquence de quoi, ces remarques et autres interpellations quotidiennes perpétuelles deviennent de plus en plus difficiles à supporter.

Autre rue, autre quartier, autre goujat. Un conducteur de bus de la RATP est en service derrière la fenêtre de son habitacle, arrêté au feu rouge. Et tandis que je traverse dans les clous devant son véhicule, il me fait comprendre son vif intérêt à mon égard : geste obscène et regard qui en disent long sur ce qu'il aimerait me faire si j'avais le malheur de me retrouver seule en sa désagréable compagnie. Il me montre alors sa tête et pointe le doigt vers ses cheveux, m'envoie un signe d'approbation en levant son pouce, et me fait comprendre sans équivoque que je suis à son goût à travers cette expression dans les yeux tellement libidineuse que je ne pourrais l'oublier. « Va te faire foutre et mêle-toi de ton cul ! » ai-je envie de lui cracher au visage pour me défendre. Qu'il cesse immédiatement de me regarder. Au lieu de cela, je n'ai trouvé qu'à lever mon majeur droit de la façon la plus déterminée et frondeuse possible. À l'abri derrière son volant, dans la petite cabine qui me surplombe, il rit avec mépris et toute-puissance avant de démarrer une fois le feu passé au vert. Tout cela parce que je suis une femme qui a l'audace de porter le cheveu ras, et surtout la malchance de croiser un nombre déjà trop élevé d'hommes dont l'éducation et la bêtise sont inversement proportionnelles. Ma tête nue offre le fantasme de la nudité complète de mon corps, ainsi livré en pâture à certains hommes affamés. Ceux-là mêmes qui prennent leurs rêves pour des réalités. Presque comme si la vision de ma tête rasée permettait à ces hommes de visualiser mon pubis rasé. Plus aucune barrière ne vient entraver ce fantasme, alors pourquoi se gêneraient-ils pour me le faire savoir ?

« Psst, hé ! *mad'mouazelle* t'es charmante ! » Souvent suivi d'une « espèce de salope » si, gratifiée d'un tel lyrisme, la séduisante courtisée refuse d'accorder ses faveurs. J'en ai marre de me taire, d'encaisser ces saloperies en silence, mais la possibilité d'envenimer la situation me pétrifie. De quel droit, dans la rue, des malotrus et de surcroît des inconnus transgressent-ils mon intégrité, en me crachant leurs insanités ? Ils pénètrent mon intimité sans y avoir été invités, en défonçant la porte. Car, oui, des propos tels que « jolie » ou « charmante » ne sont agréables que lorsqu'ils sont reçus de personnes connues, appréciées et à qui vous avez émis des signaux préalables à de telles familiarités.

Ce monsieur entre deux âges en a d'ailleurs fait les frais pour tous les précédents à qui je n'ai pas pu dire le fond de ma pensée. À cent mètres à peine de mon domicile, je croise cet inconnu, avec qui, donc, je n'ai échangé aucune parole jusqu'à cette rencontre. Arrivé à ma hauteur, il me lâche :

— Superbe, vous avez une jolie coupe !

— Non, Monsieur, pour qui vous prenez-vous ? Vous croyez sérieusement que j'attends, là, dans les rues, que des hommes me complimentent ? Gardez votre commentaire pour vous s'il vous plaît !

Il reste assez incrédule et bafouille un petit quelque chose. Si ce n'est une excuse, cela ressemble à un signal « positif ». Aurait-il compris qu'il a dépassé les bornes ? Il a continué son chemin. Le stress retombé, j'étais fière d'avoir osé exprimer mon refus. Recevoir un compliment de la part d'un étranger dans la rue ne constitue pas une situation plaisante. En tout cas, pas pour moi. Ne vous méprenez pas, je comprends bien l'intention de gentillesse de certaines personnes, mais venant d'un inconnu dans la rue, je doute que cela soit dénué de toutes arrière-pensées. C'est en effet systématique : ces phrases émanent le plus souvent de la gent masculine. Jamais une femme (certainement toutes trop habituées à vivre ces situations similaires déplaisantes) ne s'est permis une pareille remarque. Les gens ont le droit le plus strict de penser ce qui leur plaît. Mais, pour autant, est-ce que je vais aller dire à tous ceux qui croisent ma route et dont je désapprouve les choix vestimentaires : « Dis donc, qu'est-ce que vous êtes mal habillé ! » ou « Je trouve que vous êtes particulièrement laid, Monsieur ». Cela ne vous viendrait pas à l'idée ? Alors pourquoi l'inverse en serait-il autrement ?

Sauf que lorsqu'on est une femme, de surcroît seule dans la rue, le rapport de force s'en trouve inversé. Si une femme ose répondre au harcèlement, elle se fait davantage importuner. Si elle ne dit rien pour tenter de passer inaperçue, cela ne fonctionne pas, elle se fait quand même emmerder. C'est la double peine. Le simple fait de vouloir exister en déambulant dans la rue est une caractéristique suffisante pour passer un sale quart d'heure. Alors maintenant que je me présente nue, attisant les fantasmes sexuels de nombre de prédateurs, la situation est devenue encore plus oppressante.

Le paroxysme de cette fureur intérieure a été atteint lorsque j'ai compris que j'en étais arrivée à modifier mon comportement ou ma façon de me vêtir pour me sentir plus à l'aise dans l'espace public. Qu'à force d'être la cible de commentaires et de regards indélicats, j'adoptais désormais de nouvelles conduites afin d'éviter des situations devenues trop embarrassantes, sources de peur et de crainte. Lorsque j'ai eu une totale conscience de cela, j'ai ressenti une immense colère. J'achète ma paix intérieure en adaptant certains de mes trajets. « Pour vivre heureux, vivons cachés. » Évoluer au sein d'une société dans laquelle de nombreux hommes ne savent pas garder leurs insanités pour eux est usant (attention, le groupe nominal « nombreux hommes » permet d'insister sur la distinction d'avec « tous les hommes » !).

J'aspire tout simplement à davantage de sérénité dans la rue, dans les transports, partout où ma liberté est censée s'exercer de façon théoriquement comparable à celle d'une autre personne, comme à celle d'un homme en fait. Mais je ne le suis pas. Ce n'était déjà pas le cas lorsque je vivais dans une moyenne ville de province, cela l'est encore moins dans la capitale. Et ma tête dénudée a lourdement aggravé cet état de fait. Coûte que coûte je persiste dans mon choix, m'accrochant à mes principes : le manque de savoir-vivre ensemble ou le manque d'éducation de certaines personnes *ne doit pas* m'empêcher « de faire ce que je veux avec mes cheveux ». Le slogan des publicités Garnier des années 1990 pour les produits fixant cheveux a omis d'ajouter : « Attention, toute coupe de cheveux sortant ne serait-ce qu'un tout petit peu de l'ordinaire ou de la norme sociale imposée vous expose à des commentaires non désirés, et ce de façon fréquente. »

Tout cela dit à toute vitesse sur un ton monocorde à la manière des messages de prévention du type « Manger bouger » ou des conditions générales d'un engagement de crédit déclamées dans les publicités radiophoniques.

Chacun possède sa liberté de penser, mais le passage à l'acte dans ces conditions me pose problème. Ces moments où les gens vous crachent des mots haut et fort, tout ce qu'ils pensent, car ils ne peuvent le retenir pour eux ; qu'ils laissent transparaître une telle stupeur sur leur visage. Ils ne sont pas d'accord avec vous. Ils font tout pour consciemment ou inconsciemment vous le faire savoir. Je conspue cette mentalité que notre société doit vite s'atteler à faire évoluer. Les réseaux sociaux n'abondent pas en ce sens d'ailleurs : avoir un avis sur tout et le partager au vu et au su de la planète entière sans même réfléchir un seul instant aux conséquences que cela peut avoir. Vie virtuelle ou réelle, même combat. Lorsque les gens vous croisent n'importe où, que vous les connaissiez ou non, le commentaire est lâché. S'il est murmuré, il le sera de sorte que vous l'entendiez malgré tout. Il peut être aussi hurlé tellement la surprise est grande et donc difficile à contenir. Enfin, il peut être prononcé à la manière d'une parole en l'air, une platitude, comme lorsqu'on demande sa baguette de pain. Pour autant, il atteint tout de même sa cible. Sauf que, pour moi, tout cela est loin d'être banal.

Comme rien n'est tout blanc ou tout noir en ce bas monde, j'ai aussi pu conclure avec joie que tous les êtres humains ne sont pas si irrespectueux. La capacité de juger fait partie de nos composantes intrinsèques, celles qui nous rendent humains. Essayons donc de nous en accommoder. Bienheureusement, j'ai aussi expérimenté gentillesse et bienveillance. Tout réside dans l'art et la manière de le faire. Sur le principe, ces personnes n'ont pas dit autre chose que ces précédents messieurs, bien au contraire. Il est tout à fait possible qu'un homme me complimente et que cela se passe bien, si si, je vous assure. Déjà parce qu'il ne bave pas d'envie de me sauter dessus (si tel est le cas, il parvient à le dissimuler). Par conséquent, cette gêne, ce malaise que les regards insistants peuvent provoquer n'a pas lieu d'être. Ensuite, et c'est néanmoins le préalable, le plus important, nous avons échangé d'autres mots qui ne concernent pas mon seul physique. Enfin, pour conclure, il y met les formes. C'est donc tout à fait faisable. Oui, c'est possible ! Par exemple, en quittant un bar après y avoir pris un verre, un serveur m'a dit : « Si je puis me permettre, je trouve que votre coupe de cheveux vous va très bien. » Je l'ai remercié. L'affaire est close, je passe à autre chose. Ou alors que je flâne dans des boutiques, l'hôte ou hôtesse du magasin me dit, avec douceur et tact, qu'il ou elle apprécie ma coupe. D'accord, là je dis oui. Les formes, la courtoisie et par-dessus tout la bienveillance. Tout y est.

Malheureusement, ce n'est pas encore la majorité. Aucun obstacle ne détournera ces téméraires de leur objectif quand ils veulent vous signifier leur surprise et leur goût quant à votre apparence. J'ai beau être accompagnée de mon mari, auquel je tiens le bras, peu importe. Je sens sur moi certains regards masculins très appuyés, gênants, vulgaires, libidineux et malsains. J'apprends tant bien que mal à ne plus faire attention. Ce n'est pas chose aisée. Dans le contexte de la rue, du harcèlement potentiel, je suis encore plus sur le qui-vive au cas où le commentaire vulgaire dont je suis la cible ne fasse dégénérer la situation. Comme lorsque je sors seule au cours de la soirée, déjà bien avancée par exemple. Ma coupe est devenue un vrai déclencheur pour les yeux, je me sens épiée, dévisagée ! À force, j'essaye de me faire la plus discrète possible, même si ma tête de skinhead constitue un véritable handicap en la matière. D'un côté, passer à l'acte me fait me sentir plus forte, sûre de moi et, de l'autre, encore plus vulnérable face à des cas de harcèlement plus ou moins lourd. C'est d'ailleurs à cette même période que j'ai décidé d'avoir toujours dans mon sac à main une petite bombe de défense lacrymogène pour mes sorties en solo.

Je le sais, c'est interdit.

Elle n'est, heureusement, jamais sortie.

À l'évocation de ce harcèlement en constante augmentation auprès de mes cercles professionnels ou amicaux proches, on ne me croyait pas forcément : je dois obligatoirement exagérer, me donner trop d'importance. Jusqu'au jour où, installés à la terrasse d'un café en leur compagnie : « C'est étrange, pourquoi les gens n'arrêtent pas de regarder dans notre direction ? » Eh bien voilà ! En s'exposant avec moi, ils ont finalement compris la non moins cruelle réalité. Oui, on nous regarde, on *me* regarde, on regarde ma tête. Oui, c'est très intrusif, gênant de se sentir en permanence épiée. Tant que les gens ne la vivent pas, ils ont du mal à percevoir la difficulté d'une situation donnée.

Pour autant, je ne cesse de me raser le crâne, je tiens bon. Fière de choisir la liberté de mes convictions sans me laisser embrigader par tous ceux qui veulent m'imposer une norme. Garder la face devant tous ces hommes indélicats réussissant à faire passer la honte du côté de l'harcelé·e. Tant et si bien que ces constats m'ont amenée à me sentir investie d'une mission d'utilité publique : tant que je le souhaite, je continuerai d'arborer mon crâne nu pour sensibiliser, expliquer, montrer qu'une femme avec une coupe pareille peut exister, que cela n'a rien de choquant mais que le harcèlement subi, lui, doit stopper, car il est irrecevable, grave et pénalement répréhensible.

Afin que tous ces commentaires reçus, plus ou moins bien digérés, soient utiles à d'autres. Plus je me sens visée, plus j'ai envie de répliquer à ma manière. En continuant de m'exprimer à travers mon style capillaire : porter haut ma voix afin d'ouvrir la voie pour les prochain·e·s. Je suis devenue la différence des autres parce que je n'ai presque plus de cheveux, comme la personne à mobilité réduite devient la différence des personnes dites valides. Sauf que tout un chacun peut incarner la différence de l'autre, souvent à la suite de malheureuses circonstances, subies. Alors pourquoi toujours juger en lieu et place du respect qui s'impose face à l'altérité ?

PERTE DE CHEVEUX, PERTE D'IDENTITÉ

Envolée pudeur, je suis nue. Regardez-moi, scannez-moi, harcelez-moi ! Pourquoi s'arrêter en si bon chemin ? Le jour où j'ai coupé mes cheveux, j'ai presque simultanément perdu mon identité. Je ne m'appelle plus Aurélie.

Je suis devenue Sinéad O'Connor pour mon mari et mon frère aîné. Pour un collègue, Sigourney Weaver ou bien Ripley, le prénom du personnage principal dans la saga *Alien*, voire Britney quand il voulait me taquiner. Anne Sila pour d'autres. Tiens donc ? Je ne sais même pas de qui il s'agit. Je découvre donc que cette chanteuse a été révélée par une émission de téléréalité. J'incarne aussi Amber Rose. D'accord, mais qui est-ce ? Me voilà fréquemment rebaptisée au gré des envies. Pourquoi diable personne n'a songé à m'appeler Nathalie Portman[1] ?

Très rapidement, j'en ai eu assez du prénom Sinéad. Mon mari l'a bien compris, d'où son insistance à m'appeler ainsi. Et oui ! le cercle vicieux commence : plus cela m'agace et plus il s'en amuse. Alors avant que je ne

1. Nathalie Portman s'est fait raser le crâne pour son rôle dans le film *V pour Vendetta* sorti en 2005.

prononce le mot « divorce » et à partir du moment où il a vu le film *Mad Max Fury Road*[1], je suis devenue Furiosa (Imperator Furiosa dans sa version originale, elle a perdu des galons dans la traduction), le personnage féminin interprété par Charlize Theron, qui s'est rasé le crâne pour le rôle. Elle y incarne un lieutenant dissident qui manipule donc les armes. Son visage est noirci de peinture de camouflage, tel Sylvester Stallone dans le premier opus de *Rambo*. Ce surnom me paraît bien plus approprié et surtout *badass*[2] ! Mais nous sommes une fois de plus dans le cliché de la femme masculine : une femme au crâne rasé est forcément un personnage en souffrance et en rébellion contre le système, qui se bat dans l'armée ou au sein d'un groupe dissident. La révolte de Britney a fait d'elle la risée de la planète, mais une femme qui intègre l'armée tout en renonçant à sa chevelure, tout le monde trouve cela extraordinaire. Pourtant, le résultat est, dans les deux cas, tout à fait identique : un crâne nu.

Le plus déroutant dans cette irrépressible envie de me renommer est que ces personnages ou femmes réelles et moi partageons uniquement notre absence de cheveux. De façon totalement objective et avec la prise de recul nécessaire, mon visage ne partage aucun trait ni avec celui de Charlize Theron, ni avec celui de Sigourney Weaver. Mais dorénavant, je fais partie de ce petit club très privé des femmes au crâne rasé. Le droit d'entrée : une « bonne » tondeuse. Je ne suis plus Aurélie, mais toutes les autres femmes connues pour l'avoir fait, avant moi. Me voici dépossédée de mes actes, tout juste bonne à les copier.

Comme un écho au jeu concours lancé le jour où je suis passée à l'action, la plaisanterie désormais est de me donner un nouveau nom : celui d'une actrice, d'une mannequin ou d'une chanteuse ayant arboré le même style de coupe. Si ce n'est que, cette fois-ci, je n'ai rien proposé

1. Film d'action postapocalyptique américain sorti en 2015.
2. Terme anglais familier construit sur les mots *bad*, mauvais et *ass*, fesses, que l'on pourrait traduire par « qui déchire », « qui en a ».

ni décidé. Imaginez-vous dire à quelqu'un : « Oh ! dis donc, tu ressembles à Jessica Chastain » sous prétexte qu'elle a en commun soit les yeux verts, soit les cheveux roux. Tous ces nouveaux parieurs et toutes ces nouvelles parieuses s'étaient engouffré·e·s dans un jeu que je n'avais pas prévu. Et j'en subissais les conséquences. Grace Jones ? Très flatteur. Mais, là encore, je lui ressemble autant qu'un éléphant à une gazelle.

Oui, difficile de m'y faire. J'incarne désormais la représentante de l'absence de cheveux ; je deviens le réceptacle de toutes sortes d'informations nouvelles liées au thème « Femme & crâne rasé ». Il semblerait que ce qui est qualifié comme un « phénomène » par les médias se développe largement. Je m'attendais à tout ou presque. « Crâne rasé, tendance ou enjeux politiques ? », « Se raser le crâne, un acte qui bouscule les codes de la beauté », « Se raser la tête, un tabou plus si tabou » ou encore des articles de blog « Un mois le crâne rasé, bilan ». J'en passe et des meilleurs. Des vidéos, des témoignages de femmes ayant décidé de se lancer, des comptes Instagram fleurissent à ce sujet. Très naturellement, pour mon cercle social, je deviens récipiendaire de tout ce qui y touche, de près ou de loin. Et comme les envois ont lieu *via* Facebook et YouTube, ces mêmes réseaux me proposent des contenus similaires une fois que je visionne les précédents[1]. Un cercle sans fin.

Tous ces messages ont le mérite de me rassurer : au moins, je me sens entourée. Quel enthousiasme de constater que d'autres femmes, chacune avec leurs propres motivations, ont décidé d'allumer la tondeuse. Avec du recul, j'en reste persuadée : c'est à la lecture de ces témoignages que mon envie de livrer mon expérience a émergé. Dans ces brefs articles, ces courtes vidéos et sur ces quelques clichés, il y avait surtout du sensationnel, comme cette

1. En effet, selon les algorithmes de ces plateformes, de « nouveaux » contenus vous sont proposés en fonction des précédents ou des recherches effectuées sur Internet. Aussi, dès que j'ouvrais un lien que l'on m'avait envoyé, les réseaux sociaux m'en proposaient au moins trois ou quatre différents sur cette même thématique.

célèbre jeune femme qui se coupe en direct les cheveux. Ce sont des faits drôles, quelquefois marquants tout au plus. À mon sens, le plus important manquait toujours. Impossible de capter et de transmettre toutes les émotions, les sensations, les pensées, les réflexions, les conséquences que peut avoir un tel changement sur la vie d'une personne. J'étais frustrée, je vivais tellement plus que ce que je voyais ou lisais. Plus je recevais des articles, plus quelque chose se passait en moi à force d'observer et de participer à mon niveau à ce que je qualifie plutôt d'émancipation des femmes, de libération des femmes.

J'ai moi-même commencé à voir des femmes avec cette coupe dans les médias, comme cette dame témoignant dans un reportage sur les animaux domestiques. Elle arborait le cheveu ras tout en portant un tee-shirt sur lequel était inscrit le message : « Pourquoi avoir des cheveux quand on a un corps pareil ? » Puis le film *Une femme de tête*[1] est sorti. Il traite du même sujet sous un autre angle : une femme, ayant soi-disant tout pour être heureuse sous prétexte d'avoir le job parfait, la relation de couple idéale et une coiffure digne des plus grands salons (sentez-vous l'arnaque sociale sur le bonheur ?), se rend compte qu'elle est en fait très malheureuse. Se raser le crâne pour se sortir de tout ce superficiel qui la tue à petit feu sera sa véritable naissance. Je pense enfin à cette publicité aux clichés inversés dans laquelle une femme au crâne rasé vante les mérites d'outils de bricolage pour un célèbre distributeur discount allemand. Tant et plus que cela m'a interpellée. Oui, il semblerait que les représentations commencent tout doucement à bouger.

Pourtant, je ne suis ni « la femme libre » ni « la femme émancipée », mais bien « la femme au crâne rasé ». Certains de mes collègues me l'ont confié volontiers : lorsqu'ils évoquaient mon nom et prénom à d'autres et que ces derniers ne voyaient pas qui j'étais, ils finissaient par dire : « Mais si ! tu la connais, c'est la fille au crâne rasé ! »

---

1. Titre original *Nappily Ever After*. Film américain sorti en 2018 sur la plateforme Netflix.

Tout simplement. Pourquoi s'embarrasser ? Autant aller à l'essentiel de ma personne ! C'est plus direct. J'en suis réduite à mon attribut le plus visible et caractérisé, comme on dirait « le rouquin », « le gros », « la blonde », « la grande perche », « le moche », « la dépressive », que sais-je encore. Oui, la dépressive, celle qui a « fait une Britney ». Quelle que soit la caractéristique physique la plus frappante, c'est à cette dernière que l'on est bien trop souvent réduit·e·s.

*

Cela ne s'arrête pas là. *Miskina.* Ce mot, je l'ai entendu de la bouche d'une femme lorsque, comme elle, j'attendais sur le quai le prochain métro afin de me rendre sur mon lieu de travail. Il ne devait pas faire encore suffisamment froid puisque je ne portais aucun de mes chapeaux. J'étais tellement concentrée sur cette femme et ses paroles que je ne me rappelle rien d'autre. Était-ce en automne, au printemps, faisait-il beau ? Elle a murmuré tout doucement ce *miskina.* Problème : je ne parle pas arabe ! J'ai cette chance que mon trajet pour me rendre au bureau ne soit pas bien long, seulement trente minutes dont dix de marche. C'est déjà bien assez pour que je me torture l'esprit. Qu'avait-elle bien pu vouloir me dire ? Sans comprendre le sens de cette parole, je saisis tout de même une forme de pitié mêlée à de la condescendance. Je n'ai pas reçu un propos chaleureux ou ne serait-ce que bienveillant. Pourtant, je suis sûre d'avoir déjà entendu ce mot plus d'une fois, et dans tellement de contextes différents. J'essaye une recherche sur mon Smartphone, mais sans connaître son orthographe ou sa transcription phonétique, c'est peine perdue.

Alors, une fois arrivée au bureau, mon seul et unique objectif est de savoir. Vite, je me mets en quête du collègue qui saura me le traduire.

— Qu'est-ce que ça veut dire *miskina,* Adam ?

— Ça veut dire « la pauvre », pourquoi ?

— Une dame m'a dit cela ce matin en me voyant sur le quai du métro.

— Ah ah ! elle a dû croire que tu es malade, en éclatant de rire.

Je n'ai croisé cette personne qu'un furtif instant. Pourtant, tout ce que je suis parvenue à lui inspirer, c'est de la pitié. Au-delà de la maladie, il doit y avoir plus. Comment la vue d'une jeune femme au crâne nu pourrait provoquer autant d'émoi ? Je ne peux pas, décemment, n'incriminer que le cancer.

Quelles conséquences cela pourrait-il avoir sur moi si je regrettais mon geste après toutes ces remarques que j'encaisse depuis ma tonte ? À mon tour d'interroger. Quel embarras aurais-je créé si j'avais vraiment été malade ? Chaque personne ayant suggéré cette possibilité aurait été gênée d'entendre la réponse ; se serait ensuivi un malaise des deux côtés.

Et on se demande encore pour quelles raisons les personnes qui subissent les affres de la maladie ou qui ont une calvitie se coiffent d'une perruque, d'un foulard, d'un chapeau ou d'un quelconque accessoire, pourvu qu'on ne voie pas l'absence de cheveux. Pardi, pour éviter tous ces jugements, cette perte d'identité ! Ajoutez à cela la pitié, le fait de ne plus être estimé·e au travail car jugé·e trop faible pour honorer comme il se doit ses responsabilités. Je ne peux malheureusement que l'imaginer.

De manière générale, j'estime ne pas avoir de répondant. Mon mari trouve toujours le bon mot à de nombreuses situations, comme cela, sur l'instant. À cette fameuse question du « pourquoi » que tant de gens me posent sans cesse, j'aimerais pouvoir répondre : « En quoi cela te regarde-t-il ? » Et non… je n'ai pas encore réussi. La petite fille en moi a appris à être polie en répondant aux questions qu'on lui pose, alors je m'exécute. Une fois la curiosité de mes interlocuteurs et interlocutrices assouvie, j'entends alors cette dernière phrase prononcée dans un soupir de soulagement : « Ah, ouf ! j'ai eu peur que ce soit le cancer. »

Car en plus de perdre mon identité, d'incarner toutes les autres femmes au crâne rasé à moi toute seule, je suis devenue une sorte de cancer ambulant. Sans être malade, je renvoie l'humanité à sa condition mortelle, à cette foutue maladie avec laquelle nous composons tant bien que mal. Cette image de la mort que nous préférons occulter, pour se persuader qu'elle n'existe pas. Il est tellement plus désirable de nous penser immortels. Un tabou de plus parmi tous ceux que notre société totalise déjà. Oui, la maladie et les traitements aux conséquences capillaires désastreuses sont associés à la mort. Et, pourtant, me couper les cheveux m'a fait, plus que jamais, me sentir vivante. Il est loin le temps du sacrifice. Depuis l'Antiquité, la tonte des cheveux a été pratiquée en signe de soumission : les Romains tondaient les peuples qu'ils avaient conquis. Astérix et Obélix ont dû couper leurs tresses pour marquer leur servitude. Eux ont enduré, mais pour ma part, je n'ai rien sacrifié du tout.

Par effet de bord, je suis devenue le réceptacle de la peur des gens. Si j'avais eu le cancer, toi mon interlocuteur ou mon interlocutrice à la curiosité malintentionnée et déplacée, comment te serais-tu comporté·e si je t'avais répondu par la positive : « Oui, j'ai le cancer et j'ai pris les devants avant que les cheveux ne tombent tous » ? Qu'aurais-tu dit ?

Aurais-tu eu pitié ? Aurais-tu compati à la souffrance, aux douleurs et aux épreuves que tu imagines être les miennes ? Qui aurait été le plus mal à l'aise d'entre nous ? J'ai tenté, avec toute l'humilité dont je suis capable, de me mettre dans la peau d'une personne à qui cela arrive : la maladie, ce cataclysme dans une vie, les traitements, la fatigue, le moral qui joue au yoyo même si on s'accroche à l'espoir, la dépression associée à cela, la peur de perdre son emploi, la trouille de mourir, toute l'inquiétude qui s'ensuit pour le cercle familial, l'angoisse terrifiante de l'avenir de ses enfants. Comme si tous ces tourments ne suffisaient pas, ajoutes-y encore la curiosité malsaine, celle qui ne vise qu'à satisfaire celui ou celle qui en est à l'origine. C'est l'inquisition. Toujours se justifier et expliquer pour les autres. Cela doit être déjà si dur d'endurer tous les symptômes de la maladie et les traitements, sans les badauds trop fouineurs qui vous accablent de leur pitié. Bien que vous assumiez votre tête pâle, vous vous prenez tout dans la gueule, de plein fouet. La cerise sur le gâteau est d'encaisser toutes ces remarques au *quotidien*, sans répit, aucun.

Car oui, ces personnes subissent la maladie et n'ont pas eu, comme moi, le choix. C'est bien là la différence fondamentale. J'ai pris cette décision. Personne d'autre ne l'a fait à ma place : ni les bourreaux de la guerre, ni le destin, ni mes cellules qui subissent le vieillissement, la dégradation de mon environnement ou un contexte défavorable (les grandes périodes de stress pouvant aussi conduire à ce phénomène). J'ai réussi, après un long cheminement, à avoir l'opportunité du choix en remettant à une place plus modeste le cheveu. Il ne faut y voir là aucune forme d'irrespect envers tous ceux et celles qui ne l'ont pas choisi. Ma chance n'était pas d'avoir des cheveux quand d'autres n'en avaient pas ou plus, mais d'avoir fait le choix quand ces derniers l'avaient perdu.

Pourtant, cette même question revient en boucle infinie !

Pourquoi ?

POURQUOI ?

MAIS POURQUOI ?

Et pourquoi pas ? !

Parce que ce n'est pas la norme ?

Parce qu'une femme ayant l'apparence d'un sphynx n'est pas assez esthétique ? Je ne parle pas de la célèbre statue égyptienne[1], mais bien de cette race de chat, sans poils. Ces non moins graciles félins dont on voit si bien les plis de peau et la finesse du corps qu'ils provoquent le dégoût, même parmi les grands adorateurs de félidés.

Cela vous défrise ?

Dans ce cas, dévisagez ailleurs si j'y suis !

---

1. (Orthographiée « sphinx »)

SÉDUIRE À TOUT PRIX

« Allô, t'es une fille, t'as pas de shampoing ? » L'auteure de cette phrase mémorable est-elle encore à présenter ? Après tout, Nabilla a fait en sorte que la France entière la connaisse après son passage dans une émission de téléréalité. Elle a prononcé ces mots à l'occasion d'une sortie en compagnie de l'une de ses « codétenues», qui devait se racheter du shampoing. Comme cela est fréquent dans ce type de programme, elle revient sur les faits marquants de sa journée en salle dite « de confessions » (si tant est qu'il y ait ici de quoi absoudre), assise dans un fauteuil, seule face à la caméra : « Non mais allô, t'es une fille, t'as pas de shampoing ? ! » Sa réplique s'accompagne d'un mouvement de la main vers son oreille pour imiter un appel téléphonique, geste dorénavant passé à la postérité dans la culture pop. La suite de ses déclarations, presque toujours censurées dans les montages vidéo rediffusant en boucle ses frasques, constitue pourtant toute la substantifique moelle de sa pensée. « Allô, t'es une fille, t'as pas de shampoing ! ? C'est comme si je te disais t'es une fille et t'as pas de cheveux ? »

Boooooom !

Hiroshima.

Elle a dit tout haut ce que les lorgnades avouent en silence.

Une femme se DOIT d'avoir des cheveux, même aux yeux d'autres femmes.

Peut-on rester femme si nos cheveux disparaissent ? Ne suis-je donc plus une femme, tout ça à cause de mes cheveux ? Je porte toujours les mêmes vêtements, pas uniquement ceux qui symbolisent la féminité : des jupes certes, mais aussi des pantalons, des jeans, des joggings, des robes, des choses colorées et fleuries ou plus neutres, des blazers croisés *oversize* à l'image des « papas » d'entreprise des années 1990, ou encore des fringues très près du corps. Mes gestes sont restés les mêmes, alors pourquoi aurais-je perdu ma féminité en parallèle de mes cheveux ? Impossible de préfigurer tout ce qu'un poil si fin pourrait contenir. En résumé, je me retrouve toute nue, plus vulnérable, je suis dépossédée de mon identité, et les autres se plaisent à en trouver pour moi. Je me fais, plus que jamais, emmerder dans la rue et comme si cela ne suffisait pas, voilà que ma féminité se serait fait la malle ? Comme pourrait le dire Tigibus dans la *Guerre des boutons*[1] : « Si j'avais su, j'aurais pas rasé. »

Physiologiquement, je suis pourtant toujours pourvue de mon utérus, de mon vagin, de ma vulve et de mes deux petits chromosomes X. Rien de ce côté-là n'a évolué en moi, je me *sens* toujours une femme. Et, pourtant, ces mêmes attributs ne permettent pas à toutes les personnes qui en sont dotées de le ressentir ainsi. Auquel cas les personnes transgenres n'existeraient pas. Ma féminité ne se résume donc pas à mes gènes. Elle est affaire de sentiment intérieur, de moi profond. Peu importe la perception des autres, c'est un questionnement on ne peut plus intime. La féminité n'est pas un absolu contenu dans la kératine ou dans le chromosome X, sans quoi l'intégralité

1. Tiré de la célèbre réplique du garçonnet Tigibus : « Si j'aurais su, j'aurais pas venu », du film *La Guerre des boutons* réalisé par Yves Robert en 1962.

de l'humanité pourrait se percevoir femme. Celle qui doit subir l'ablation d'un ou même de ses deux seins sera toujours une femme. Une femme n'étant pas en mesure de donner la vie reste une femme à part entière. Chaque constituant physiologique faisant des femmes ce qu'elles sont ne peut, indépendamment retiré, les destituer de leur identité ou de leur genre.

Nous ne nous définissons pas par nos attributs sexuels, organiques, nos fonctions ou encore notre position sociale. Chaque femme et, par extension logique, chaque individu détient sa propre définition : Nabilla possède la sienne, Clara Luciani en chante une différente. Dans son titre « Drôle d'époque[1] », l'artiste rejette une vision de la féminité traditionnelle pour laquelle elle pense ne pas être faite. Pourtant, toute la société l'exhorte encore à s'y conformer.

« Qu'est-ce qu'on va faire de toi ?
Tu marches même pas droit.
T'as l'allure de ton père
Les cheveux en arrière.
T'as pas l'air, t'as pas l'air, t'as pas l'air d'une femme
D'une femme.
Où sont passés tes seins ?
Ta cambrure de félin ?
Tantôt mère nourricière
Tantôt putain vulgaire
Conduis-toi, conduis-toi, conduis-toi comme une femme
Comme une femme
Comme une femme.

Moi j'ai pas l'étoffe, pas les épaules, pas les épaules
Pour être une femme de mon époque
On vit vraiment une drôle d'époque. »

1. Je vous invite à écouter ce superbe titre de Clara Luciani, « Drôle d'époque », sur l'album *Sainte-Victoire* sorti en 2018 afin de découvrir l'intégralité des paroles.

À chaque femme son interprétation. La féminité n'est pas une, elle est plusieurs, plurielle. Il existe autant de féminités que de personnes qui se sentent femmes, avec et sans cheveux. Et comment parler de la féminité sans évoquer un concept qui lui est très connexe : la beauté. Être belle, être une femme. Un vaste sujet qui n'en finit pas de faire couler de l'encre, typique d'un sujet d'épreuve du bac de philo. Vous avez quatre heures !

*

« J'adore votre coupe, ça vous va super bien. » Au-delà de l'impolitesse caractérisée de m'interpeller de cette manière dans des moments où je suis manifestement occupée (comme lorsque je ramasse la crotte de Médor, par exemple, oui cela *aussi* m'est arrivé), le signal semble positif : la brebis tondue, folle et échappée du troupeau, semble en capacité de plaire. En sortant les phrases du contexte agressif et violent du harcèlement de rue afin de considérer les mots uniquement pour leur symbolique, je peux donc séduire, être belle aux yeux de certain·e·s. Effrayante banalité ? Pourtant, est-ce si simple ? Après tout, si cela est si évident, pourquoi des inconnu·e·s tenaient autant à me le faire savoir ?

« Ça te va bien en fait. » J'ai par ailleurs, à maintes reprises, entendu cette interjection, mais cette fois au sein d'un cercle social plus restreint : collègues, réseaux professionnels. Tout le sel de cette réplique réside dans la locution adverbiale « en fait ». Le cheveu semblant concourir pour une part prépondérante à la beauté[1], je devrais presque me considérer comme chanceuse que « ça ne m'aille pas si mal, *en fait* ». Oui, j'endosse les conséquences de mon choix, certains jours mieux que d'autres. Cela ne signifie pas pour autant me sentir resplendissante dès l'instant où

1. La magnétiseuse et guérisseuse Lila Rhiyourhi, auteure de *Vos cheveux, miroirs de votre âme,* nous apprend que dans sa culture (maghrébine) « la beauté de la moitié d'une femme réside dans ses cheveux ».

j'ai croisé mon reflet changé. Assumer oui, se voiler la face non. Miroir, miroir, mon beau miroir au mur, dis-moi qui est la plus belle en ce royaume ? Pas moi, pour sûr. Nous sommes très loin du célèbre cliché du coup de foudre à l'anglaise, l'amour au premier regard – *love at first sight.*

J'ai ri. Ce fut ma première réaction. Sous le choc face à la vision de ma tête déplumée, j'ai ri. Rire encore et rire toujours pour me protéger, le rire comme allié, mon bouclier. J'ai d'abord caressé ma propre tête avec timidité, puis, la crainte du premier contact passée, j'y revenais de plus en plus. Je découvrais une sensation inconnue jusqu'alors. Éprouver *vraiment* mon crâne. Dans un second temps, j'ai observé mon visage dans son ensemble. Je porte des lentilles de contact en journée, il n'y a donc plus aucune paire de lunettes derrière laquelle me cacher ou qui encombrerait la perception de ma bobine. Bizarre. Je voyais mon crâne tout nu. Je fais connaissance avec ce nouvel étranger.

Une fois le fou rire passé, je me suis regardée encore d'un peu plus près dans le miroir. Les sentiments se mélangeaient confusément. Une évidence m'a alors frappée en plein visage : je ne me sens pas belle. Pour autant, je ne me suis pas arrêtée à cette constatation mortifère pour mon amour-propre. Je me sens surtout fière. Tout simplement. Fière d'être allée jusqu'à l'exécution de mon projet, à tel point que j'ai récidivé. Cela fait déjà plusieurs mois que cela dure. N'est-ce pas finalement cette attitude de conquête, la satisfaction, la fierté dans mon regard qui m'a donné ce « mordant pétillant », ce « chien », ce « caractère » qui s'est alors manifesté sur l'ensemble de mon visage ? Je ne me trouvais pas spécialement belle, mais ce n'est pas important pour moi, pas là.

« La beauté est dans les yeux de celui qui regarde[1]. » J'ai du pain sur la planche ! Me considérant au centre du problème, je me dois d'agir. Sauf que débuter par soi est toujours plus complexe, comme il est ardu de prendre de

1. Encore une citation de ce dandy d'Oscar Wilde.

la hauteur. J'ai alors entrepris de travailler mon rapport aux autres, pour, je l'espère, faire évoluer mon regard sur moi-même. Je me suis mise à observer différemment, à voir d'autres éléments sur lesquels je n'avais jamais pris le temps de m'attarder. Occultés les cheveux et bonjour le reste du visage. Ce que je ne parvenais pas à faire lorsque je tentais de savoir si la coupe rasée pourrait bien me convenir, j'y arrivais dorénavant pour les autres. Mon champ d'observation s'est élargi. Tout est devenu enfin clair. Je vois *vraiment*, mieux, autrement, le tout sans même une nouvelle prescription pour changer de correction.

Les yeux, la proportion des visages et leur contour, le teint et le grain de peau, le nez, les pommettes, le menton. Je prends le temps de détailler chaque élément, sans m'appesantir plus que nécessaire sur les cheveux. La rame de métro devient mon terrain de jeu favori. Lors de mes trajets quotidiens, je prends un malin plaisir à imaginer chaque inconnu·e sans plus aucun poil sur le caillou. Je vois clair, c'est devenu limpide et si facile. Chaque visage parvient à me dévoiler sa beauté, jusqu'alors cachée par une mauvaise éducation à la perception du monde. Des yeux pétillants par-ci, un regard troublant, une bouche sensuelle par-là, homme, femme peu importe. Je vois du beau partout où je pose les yeux. Ma vision n'est plus obstruée par cette masse chevelue omniprésente. Mes yeux se sont progressivement ouverts.

Je ne suis d'ailleurs pas la seule à devoir changer ma perception et m'habituer aux changements. Mon mari, d'ordinaire si affectueux et tactile avec mes cheveux et la base de mon cou, a cessé de me toucher en même temps que ma chevelure s'est évaporée. Certes, il me complimente toujours aussi régulièrement. Certes, j'ai toujours le droit à des baisers dans le cou… Mais plus de caresse dans les cheveux. Logique, je n'ai plus de cheveux ! Cette douce étreinte qui prend naissance sur le bas de ma nuque, remonte le long du cou à vous donner des frissons tandis que les doigts s'entrelacent avec volupté dans les cheveux, terminant sa trajectoire vers le sommet du crâne. Une marque de tendresse tellement agréable. Et là, plus rien. Plus de cheveux ? Plus de caresse dans les cheveux ! Ce ne fut pas l'évidence dès le premier soir, mais trois à quatre semaines après ce fameux *D-Day*, alors que nous étions assis dans le canapé, lieu propice aux étreintes après une longue journée de labeur, séparée de l'homme aimé. L'absence de nos contacts a fini par hurler sa présence.

— Chéri, je me rends compte que depuis que je me suis rasé le crâne, tu ne me touches plus la nuque et le cou comme avant.

— Ah bon ? Je n'y ai pas prêté attention.

Il a alors remis, avec toute la tendresse dont il sait faire preuve, la main dans mon cou, sur ma peau de tête, là où il n'y a plus de cheveux. Le frisson n'en fut que plus grand. Je vivais le toucher de sa main enveloppante, douce et, surtout, une chaleur telle que je ne l'ai jamais ressentie qu'à cet instant. Aucune barrière entre sa main et moi, un peau à peau chaleureux, profond. Sans le vouloir ni le savoir, je me suis retrouvée dépourvue, de cheveux comme de cette caresse. Alors qu'allait-il advenir de son contact dans l'intimité de l'alcôve ? Car quels autres moments plus opportuns que les relations intimes pour s'adonner au plaisir du toucher ? On tient le visage de son partenaire entre ses doigts, les figures se respirent, les langues se lient et se délient, les cheveux s'entremêlent au rythme des corps et de la sueur. Cette partie de ma tête est soudainement devenue *persona non grata*. Plus du tout touchée jusqu'à ce que je crache la problématique lors de cette fameuse soirée canapé.

Heureusement, j'ai osé évoquer mon tourment pour qu'il puisse de nouveau s'approcher de ma tête ostracisée. J'éprouve des sensations encore plus intenses. Impossible de se couper du contact de l'amant. Pour lui aussi, les impressions ont dû changer. Passer de la douceur du cheveu plutôt raide et fin à de la peau avec trois millimètres de cheveux rappelant le duvet d'un caneton, ce n'est pas tout à fait pareil. La sensualité des cheveux s'est envolée. Alors, avec pudeur et amour, mon mari s'est réapproprié le toucher de ma tête, de ma peau. Le plaisir de son contact retrouvé, après ces quelques semaines de privation involontaire, est comme décuplé.

Sans en vouloir à mon mari pour cette distance soudaine, lui pourtant si affectueux et démonstratif, je me suis demandé, à mon tour, pourquoi ? Pourquoi son comportement a-t-il changé, malgré tout l'amour et toute la bienveillance dont nous faisons preuve l'un envers l'autre ? Qu'a-t-il donc bien pu se passer ?

Faut-il de nouveau s'apprivoiser, prendre le temps de se (re)connaître ? Avec tous les changements de style que j'avais expérimentés depuis que nous partagions nos vies et même auparavant, je le pensais davantage rompu à l'exercice. Ce dernier changement serait-il celui de trop : trop brusque, trop radical ? Faut-il y voir un problème plus structurel que ma récente apparence ? J'ai moi-même dû prendre le temps de me reconnaître dans ce satané miroir, apprendre à me voir nue, telle que je suis vraiment. Mon homme n'a pas non plus échappé à ce processus.

C'est certainement à cause de ce nouvel état de nudité, délicat à appréhender, que je supporte tant bien que mal les ragots quotidien en société : dans la rue, le métro, au bureau, en réunion, en soirée. Parce que je suis à poil, fragile, sans identité, malade, pas féminine. Mon regard sur ma personne s'en trouve altéré. À force de me focaliser sur ce nouveau crâne, il est troublant de constater que j'ai cherché à compenser. J'ai ressenti le besoin d'éloigner les regards trop curieux de ma tête.

Et comment détourner l'attention ? En pointant le doigt vers une autre focale pardi ! Faire en sorte que les gens me laissent enfin un peu de répit. J'ai besoin de souffler un peu. Alors je me maquille. Je me maquillais déjà au quotidien, mais désormais, je m'autorise plus d'excentricités.

J'ai toujours aimé me maquiller, jouer avec les couleurs, n'en déplaise à la papesse de la mode Cristina Cordula[1], car tout ne devait pas convenir à ma carnation ou me mettre en valeur d'après ses critères, mais peu importe. J'adore les couleurs. Me raser le crâne n'a fait qu'accentuer ma créativité dans ce domaine, me maquiller est devenu bien plus qu'une forme d'embellissement au quotidien. C'est ma forme d'expression créatrice, en plus de mes cheveux coupés. Vous ne voyez qu'un crâne rasé, non, regardez mieux : double trait de deux couleurs différentes sur la paupière, de l'orange sur les lèvres, ou même du violet — pas tout en même temps, je tiens à vous rassurer, bien entendu ! Voyez comme cela est très efficace, attention détournée, vous ne me parlez plus de cheveux désormais.

Laisser libre cours à ma créativité m'a fait me sentir bien. Je me trouve de plus en plus belle, non pas parce que je me maquille davantage ou selon mes envies, mais surtout car j'aborde chaque jour avec plus de confiance, en étant plus en accord avec mon moi profond. Comme je me sens belle, je *deviens* plus belle. Un cercle vertueux. Mon audace, la fierté de mon choix assumé malgré les difficultés quotidiennes me rend belle à mes yeux.

---

1. Ancienne mannequin brésilienne qui s'est fait connaître en France grâce à des émissions de télévision de conseil en image « Nouveau look pour une nouvelle vie » ou encore « Les Reines du shopping » sur la chaîne M6.

« SUCE-MOI LA BITE ! »

J'adore cette phrase. Laissez-moi contextualiser ce qui semble une aberration puisque je suis dépourvue de phallus. Cette réplique culte est extraite du film *À armes égales*[1] – *GI Jane* dans sa version originale. Le personnage de Jordan O'Neil, incarné par la très charismatique Demi Moore, lieutenant dans la section renseignement de la marine, aspire à gravir les échelons au sein de la hiérarchie militaire. Elle rêve d'être affectée dans une unité combattante d'élite. Seulement voilà, c'est une femme dans un monde d'hommes. Cette seule caractéristique constitue déjà un frein à sa progression. Grâce à l'appui intéressé d'une sénatrice, elle parvient tout de même à rejoindre le corps d'élite des *Seals* pour y passer les tests d'incorporation, qu'elle compte bien réussir. Son objectif est clair : démontrer qu'elle est aussi capable que ses compatriotes masculins. Et comme il est aisé de l'imaginer, le sexisme de l'institution tout entière et de ses supérieurs sera la plus grande des difficultés à affronter pour prouver sa valeur et, surtout, pour légitimer sa place. Tandis que les premières semaines sont extrêmes et que la nouvelle recrue n'est pas traitée de la même

1. Film de Ridley Scott sorti en France en 1998.

manière que ses camarades masculins, elle décide, en passant devant la salle de coiffure du camp militaire, de se raser elle-même le crâne. Sa longue chevelure brune, entre autres, matérialise sa différence d'avec ses compagnons d'armes, portant tous le cheveu ras. Alors elle le fait, elle coupe tout. Sa détermination de caractère crève l'écran.

Un tournant s'opère alors dans le film. Du moment où elle arbore la même coupe réglementaire que ces messieurs, elle décide également de quitter son dortoir, où elle est la seule femme, pour rejoindre celui des hommes. Elle revendique auprès de ses supérieurs un traitement égalitaire, sans faveur aucune pour sa condition. Elle le décrète, non, elle ne cédera plus aux humiliations que tous les militaires lui faisaient subir. Malgré les épreuves, la rudesse des entraînements aussi bien sur le plan physique que moral, elle ne lâchera rien.

Mon passage préféré, que dis-je l'apothéose du film, arrive alors. Après que son sergent instructeur, incarné par Viggo Mortensen, l'a malmenée lors d'un entraînement en conditions réelles particulièrement rude, ce dernier porte le coup de grâce : « Alors, on abandonne, Lieutenant O'Neil ? » Cette guerrière chancelante, à bout de forces, blessée, trouve un regain de vigueur pour lui hurler à la gueule cette courageuse et magnifique repartie : « Suce-moi la bite ! » Mon propos ici n'est pas de me faire critique cinématographique en jugeant le scénario, mais bien d'illustrer, à travers ce passage, comment la motivation d'être considérée par ses pairs a donné au personnage d'O'Neil l'énergie de l'ouvrir. La niaque de parler, comme l'aurait fait un homme, et même si c'est d'une façon vulgaire. Elle ne dénote d'ailleurs pas, puisque c'est ainsi qu'est dépeint le milieu militaire pendant tout le long métrage. Elle gagne, à la suite de cela, le plus grand respect à la fois de ses frères d'armes et de son sergent. Cette réplique est alors scandée par tous les autres marines autour d'elle, presque comme un cri de ralliement : « Suce-moi la bite ! Suce-moi la bite ! »

Cette phrase d'homme dans cette bouche de femme est saisissante par le contraste qu'elle accentue. Que ce soit le spectateur ou la spectatrice, ou encore les personnages qui gravitent autour du lieutenant, personne ne s'attend à ce qu'elle dise cela ; c'est bien trop choquant pour une femme. Un homme vulgaire dans l'armée est considéré comme « normal », une femme vulgaire – que ce soit dans l'armée ou ailleurs par la même occasion – sera au mieux vulgaire, au pire *hystérique*.

Au-delà de l'acte sexuel ici décrit, cela traduit surtout la rébellion, la liberté, l'affirmation de soi dans un monde où les codes très masculins sont légion. À partir du moment où elle adopte ces mêmes règles, elle parvient à se faire respecter pour ce qu'elle est : une militaire. Elle s'est battue pour sa place dans le groupe : enfin une femme dans ce monde d'hommes, une personne dans un monde d'êtres humains.

Demi Moore offre un exemple admirable des principes de la méthode Actors Studio. Elle compte d'ailleurs parmi les premières actrices ayant abandonné leurs cheveux pour un rôle, avec Sigourney Weaver dans *Alien 3* au palmarès de cette succincte liste. Anne Hathaway dans *Les Misérables*, Natalie Dormer pour *Hunger Games* et Charlize Theron pour *Mad Max Fury Road* sont, par la suite, venues étoffer l'inventaire des femmes osant jusqu'à se raser le crâne pour incarner du mieux possible leur personnage.

Je décerne tout de même l'Oscar de la meilleure actrice à Demi Moore puisque sa transformation fait partie intégrante du film. Elle s'est rasé la tête dans le cadre même du tournage du film : impossible de refaire la scène ! Ce n'était pas le cas pour les autres actrices, puisque leur personnage apparaît tête dénudée dès le commencement du film.

Devoir faire comme les hommes pour exister dans un monde machiste reste désolant, mais dans ce cas d'école certes fictif, la stratégie fonctionne. Devant ce système bien établi, le lieutenant parvient à se faire respecter, mais parce qu'elle a renoncé à ce qui est considéré comme un attribut féminin pour enfin accéder au même rang que les hommes. Auparavant, et bien qu'ayant prouvé ses aptitudes aux mêmes exercices que les hommes, cela n'avait pas suffi. Pour avoir les couilles suffisantes et donc la bite qui va avec, il faut renoncer à ses longs cheveux bruns semble-t-il.

Puisqu'elle est prononcée par une femme dépourvue de chibre, parce qu'elle renverse le rapport de force et de domination, cette phrase est provocante au possible. Avez-vous remarqué, Mesdames, la manière dont certains hommes peuvent vous regarder si vous avez l'outrecuidance d'être vulgaires ? Toute grossièreté reste ce qu'elle est, peu importe qui l'emploie : des mots obscènes qui ne manifestent ni distinction ni élévation et ni classe. Ces termes ne sont pas le propre de l'homme sous prétexte qu'ils désignent une partie du corps masculin, mais bien de toute personne en capacité d'utiliser des mots. Et pourtant. « Tu es vulgaire, dis donc ! ? », « Oh ! je suis choqué » s'offusquent quelques-uns lorsque je me risque à des blagues dites « en dessous de la ceinture » en leur présence. En entendant des hommes avoir de telles plaisanteries, je pensais avoir trouvé l'audience parfaite pour m'y essayer à mon tour, un public sur la même longueur d'onde humoristique, réceptif à la grivoiserie. Tant s'en faut.

Bienvenue au XXIe siècle, Messieurs ! Nous sommes en France, pays des libertés où chaque homme et *chaque femme* peut dire des grossièretés quand l'envie se fait sentir, même si cela déplaît à certains gentlemen dont seules les oreilles sont encore chastes. Tant pis pour mon héritage culturel qui me somme de ne pas céder à la vulgarité sous prétexte de mon genre. Et puis quoi encore ? Au nom de ma liberté individuelle, j'exerce mon droit. Je crie : « Suce-moi la bite ! » comme je m'octroie le privilège de m'affranchir des codes de beauté féminins que l'on nous impose sans répit. Oui je rase mes cheveux longs ! Je suis libre de ne pas avoir à me coiffer tous les matins !

Un jour de vacances en Corse, alors que je barbotais dans la mer, je vois cet homme à l'horizon, à quelques mètres de moi, se tenir debout sur l'eau. Extrêmement intriguée, je veux voir de plus près ce dont il s'agit. Je nage alors dans sa direction afin de percer le mystère. *A priori*, il est à plus de dix mètres du bord, je vois mal comment il peut tenir debout si loin du rivage. Aux dernières nouvelles, la mer Méditerranée ne s'est pas encore transformée en lagon malgré le réchauffement climatique ! Arrivée à sa hauteur, je constate un énorme rocher dont le sommet affleure à peine : le mystère de l'homme marchant sur l'eau est enfin dévoilé. Avec gentillesse, le monsieur me cède sa place pour que je puisse y grimper. Je le remercie, monte et fait alors de grands gestes vers mon mari resté sur la plage. Une fois descendue de mon aire de jeu, je suis interpellée par le vacancier resté non loin dans la zone : « Vous êtes dans l'armée ? » Tiens, tiens, je sens que la discussion va être *pertinente*.

Nous aurions pu échanger sur tant de sujets. Il aurait pu me dire bonjour pour commencer, nous aurions pu évoquer la joie enfantine de trouver ce rocher et de monter dessus, comme nous l'avons fait chacun notre tour. Ou encore nous jeter à bâtons rompus dans une ode à la beauté de la Corse, en aucun cas usurpée. Non, pourquoi s'embarrasser de politesse ? De but en blanc, il a cherché à nourrir sa curiosité afin de trouver une explication plausible à ma tête rasée. Je viens vraisemblablement de rencontrer un autre fan de Demi Moore. « Bravo Monsieur, comment avez-vous deviné ? Ma belle musculature vous aurait-elle permis d'en déduire ma profession ? Mais chuuut, lui intimai-je en portant mon index à mes lèvres, je suis en opération spéciale et incognito, je suis très concentrée, je vous prierais de garder le silence sur cette conversation. »

Ma plus belle réplique jamais formulée. Dommage que ce ne soit qu'en retournant sur la plage qu'elle m'est venue. Une fois arrivée à ma serviette, je m'empresse de raconter à Frédérik mes dernières aventures. « Excellent, c'est ce que tu lui as répondu ? ! » J'aurais bien aimé, pardi ! Au lieu de cela, je me suis contentée d'un simple non, tellement prise au dépourvu par l'incongruité de sa question. Je n'y avais pas encore eu droit à celle-là : « Je suis dans l'armée… ».

Je me marre. D'accord, Demi Moore se débarrasse de ses cheveux, mais ce n'est en aucun cas ce qui est requis pour les femmes en France dans aucun corps d'armée, comme le confirment leurs différents sites Internet[1] : « Pour le personnel féminin, les cheveux longs doivent être ramassés de manière à ne pas dépasser le bas du col de la chemise. Pour ce faire, les accessoires de coiffure utilisés (barrettes, chouchous, élastiques, épingles à cheveux…) doivent rester discrets et en rapport avec la tenue militaire. » De même, les défilés de commémoration du 14 juillet tout comme les tenues quotidiennes des femmes gendarmes démontrent que ces dernières n'ont aucune obligation de se raser le crâne ou aucune interdiction de porter les cheveux longs. Ce n'est d'ailleurs pas non plus requis pour les hommes. Nous ne sommes pas aux États-Unis dans les US Navy Seals Marines. À sa décharge, ce plaisancier devait certainement faire allusion à un temps que tous les moins de quarante ans[2] ne peuvent pas connaître. Lorsque le service militaire avait encore cours en France, les hommes avaient effectivement droit à la tonte réglementaire ! Mon mari n'y a pas échappé. Un cliché pris lors de la traditionnelle permission de Noël lorsqu'il faisait lui-même son service en atteste encore. Un peu à la manière de la scène d'ouverture du film *Full Metal Jacket* de Stanley Kubrick lorsque tous les engagés incorporent leur section. C'est le passage obligatoire avant de commencer son service.

Pour certains, tête à blanc signifie cancer, mais pour d'autres comme ce pépé des mers, cela rime avec engagement militaire. Mais, désormais, mon bon monsieur, se rase le crâne qui veut !

---

1. Extrait du *Bulletin officiel des armées*, Édition Chronologique n° 54 du 10 décembre 2015, Partie permanente, état-major des Armées (EMA), Texte 8. Instruction n° 18000/DEF/DCSSA/AA/PAPS relative aux différentes tenues revêtues par le personnel militaire du service de santé des armées. Du 13 octobre 2015.
2. En 1996 et dans le cadre de la professionnalisation des armées, Jacques Chirac prend la décision de supprimer le service militaire pour tous les hommes nés après 1979.

LE *HAIRGATE, ZE* RETOUR

Ah ! la rencontre avec ses beaux-parents, quel stress ! Car oui, si l'on finit par les rencontrer, c'est que l'on a compris qu'on était avec son ou sa partenaire pour plus qu'un coup d'un soir. J'ai donc envie que cela se passe du mieux possible. Pourront-ils me considérer comme étant suffisamment bien pour leur fiston premier-né ? Auquel cas, chacune de nos visites se transformera-t-elle en un petit, moyen ou grand calvaire ? La bouffée d'angoisse monte !

« Tu verras, je suis sûr que mes parents vont t'adorer ! » Fred a dû pressentir mon besoin d'être rassurée. Peut-être bien parce que sa compagne précédente, restée sept ans auprès de lui, est loin d'avoir connu pareille fortune. « Ma mère parce que tu aimes la bière ! En bonne Nordiste, cela lui fera plaisir de trinquer avec toi autour d'un bon Picon bière. » Si j'avais su, en goûtant ma toute première bière, que cela me ferait gagner des points auprès de ma future belle-mère une fois adulte !

« Mon père, parce que tu as de l'humour, de l'esprit et de la conversation. »

Converser et picoler sont *a priori* dans mes cordes. Laissons à mon homme le bénéfice du doute.

En ce beau dimanche d'été, alors que nous allons déjeuner chez ses parents pour la toute première fois donc, mon futur mari passe l'intégralité de son temps sur place avec sa mère en cuisine pour l'aider aux préparatifs. Une excellente chose au demeurant qui m'assure un futur partage équitable de la charge mentale au sein de notre couple. Mais pour mieux me laisser en tête à tête avec son père ! Voilà où se cachait le traquenard. Un vrai guet-apens ! « Ma fille, c'est le moment d'avoir de la conversation, lâche-toi ! » me lançai-je intérieurement pour m'encourager.

— Suivez-moi Aurélie, nous allons nous installer sur la terrasse, m'invita le sosie de mon mari avec trente-cinq ans de plus.

— Vous pouvez me tutoyer, vous savez, je n'ai qu'une petite vingtaine, lui rétorquai-je du tac au tac, confiante.

— Pendant sept ans alors que Frédérik sortait avec cette femme, je ne l'ai jamais tutoyée. Ce n'est pas avec vous que je vais commencer.

Net, précis, efficace. Le ton est donné. Le peu d'assurance que j'ai réussi à puiser s'envole d'un coup. Les réjouissances dominicales peuvent commencer. Je sens que la journée va être longue. Trouver un sujet de conversation et vite. Fastoche après ça, les doigts dans le nez, je m'en sors comme une cheffe. Je parle, parle – surtout ne laisser aucun blanc. Et je prends tacle sur joute verbale. Peu importe, je me relève chaque fois, ne laissant rien paraître (du moins je l'espère). À force de ramer, je prétexte une pause technique pour aller crier au secours à l'oreille de mon homme : « Chéri, quand allez-vous enfin sortir de cette foutue cuisine ? »

Le repas commence après cette douloureuse et interminable attente. Je vais pouvoir prendre une belle bouffée d'oxygène. Sauvée du huis clos, je peux enfin me taire et laisser les autres prendre la parole pour combler le vide. Sauf qu'il est désormais temps de faire connaissance avec sa mère. Cette dernière m'invite à me servir des délicieux mets préparés. La table est si joliment garnie, bien arrangée, elle me donne l'impression d'être déjà à Noël.

— Servez-vous, Aurélie, les champignons ne sont pas bons ? me demande sa mère.

Ne pas faire la même erreur deux fois, on oublie la proposition de tutoiement.

— Si, si, délicieux Madame Marchi, il y a beaucoup de très bonnes choses.

Ma formulation maladroite traduit surtout mon incapacité à goûter à tous les plats de ce repas pantagruélique. Elle pose sa fourchette dans un silence monacal. J'entends le cliquetis du métal sur la porcelaine. Elle fixe alors son regard bleu iceberg dans le mien.

— Chez moi, on m'appelle par mon prénom. Madame Marchi, c'est pour le travail.

Une chape de plomb vient de tomber sur mes épaules. *Mayday, Mayday* !

— D'a, d'acc... d'accord, c'est très clair, d'une voix étouffée, ne parvenant même plus à prononcer son prénom.

Quelques jours plus tard, Frédérik appelle son père pour connaître la réponse à une interrogation de circonstance :

— Alors, que penses-tu d'elle ?

— Elle est... originale et exubérante, a répondu son père avec ce ton légèrement snob et emprunté que Fred a su retranscrire.

Toutes ces minutes de conversation pour en arriver là ! Imaginez-vous quels trésors d'imagination j'ai dû déployer pour tenter d'être à la hauteur de l'homme dont je partage la vie. En plus de quoi, j'étais venue coiffée sage comme une image, avec un petit carré longueur d'épaules de la jeune femme exemplaire, sans aucune excentricité visible que ce soit dans les vêtements, le maquillage, le discours. Tout cela pour faire bonne impression. Raté. Mon stress a parlé pour moi. Mon futur beau-père perçoit de l'originalité et de l'exubérance ? Il ne croyait pas si bien dire.

Un déjeuner dominical en a amené d'autres, nous avons fait plus ample connaissance. Notre mariage a finalement eu raison des règles de vouvoiement. Mes beaux-parents et moi avons noué d'étroites relations. Comment vont-ils bien pouvoir digérer la nouvelle de leur belle-fille transformée en skinhead ? Fort heureusement, mes beaux-frères – bien qu'ayant également vu les photos *via* le concours sur les réseaux sociaux – ont été moins bavards avec leur père que ne le fut mon propre frangin. J'ai donc tout le loisir de réfléchir à la manière la plus appropriée de leur annoncer ce qui promet d'être un nouveau *hairgate*.

Je ne peux pas me contenter de les appeler et de leur raconter entre deux histoires de vacances : « Au fait, j'ai oublié de vous dire, je me suis rasé le crâne. » Non, l'envoi d'une simple photo rendrait l'annonce trop médiocre. Je voulais pimenter le discours pour marquer le coup, apporter un peu de saveur à cette information. Le temps presse, car si mes parents n'utilisent ni Facebook ni téléphone portable (et cela n'a pourtant pas empêché qu'ils le découvrent), mes beaux-parents et moi échangeons régulièrement des SMS et des photos, et davantage lorsque nous sommes en vacances.

L'occasion en or, que dis-je, en platine ornée de diamants, se présente lors d'une journée à Avignon avec, au programme, la visite du centre historique et son célèbre Palais des Papes. Nous commençons nos déambulations touristiques par le monument. Il fait si beau, si chaud, je porte une tenue de circonstance : une petite combi-short fleurie à bretelles, très légère et fluide. Mes bras et jambes nus font écho à ma tête. L'inspiration me frappe comme souvent, sans prévenir. À l'intérieur du splendide bâtiment, nous parcourons l'exposition lorsque je m'arrête sur ces panneaux relatant l'histoire de la construction de l'édifice. J'aperçois alors un écriteau rendant hommage à ses édificateurs. Je trouve fascinant ce témoignage de l'histoire qui, pour une fois, n'a pas oublié les simples poseurs de pierre, ceux qui ont si souvent offert leur vie à la tâche pour que l'on contemple, des siècles plus tard, ces prodiges architecturaux. Quelle n'est pas ma surprise quand, au milieu de ces illustres inconnus, je reconnais le patronyme de la famille de mon mari : Marchi. Un nom plutôt rare, contrairement au mien, Fontaine. Aux dires de Frédérik, c'est bien la première fois qu'il voit son nom ailleurs que dans son contexte originel, l'île de Beauté. Je déborde d'enthousiasme à l'idée que les ancêtres Marchi aient peut-être contribué à ce que nous visitions ce sublime palais.

— Fais une photo de moi qui pointe du doigt votre nom, interloquée ! Il faut y ajouter une légende… Quelque chose comme : « En direct du Palais des Papes. Nos ancêtres ont participé à cela, rendez-vous compte ! », et tu leur envoies la photo. Pas de jaloux surtout, fais un message pour chacun.

— Excellente idée, j'adore !

Ni une ni deux, je prends la pause. Aussitôt validée par mes soins, la photo est envoyée. Je trouve l'ensemble *paaaar-fait*. Certes, on voit bien que je pointe quelque chose du doigt, invitant l'observateur à regarder dans la direction indiquée. Mais de toute évidence, pour quelqu'un qui n'est pas encore au courant, la seule direction vers laquelle le regard se portera, c'est celle de ma tête quasi virginale. Elle sauterait aux yeux du premier aveugle. Je trépigne de ma petite manigance. Une fois les bombes dispersées, nous continuons notre visite, même s'il est devenu difficile de contenir notre impatience face à une quelconque réaction. Nous avons à peine le temps de nous languir. Le téléphone de Frédérik sonne.

— Mais qu'est-ce qu'elle a fait ??!!

C'est sa mère ! Je devine aisément au ton de sa voix – et ce, même sans haut-parleur – qu'elle ne sait même plus si elle doit rire ou pleurer. Après plusieurs questions répétées, quelques onomatopées et autres exclamations traduisant toute sa surprise, Frédérik prend la parole :

— Comment ça qu'est-ce qu'elle a fait ? Tu ne vois pas le nom « Marchi » vers lequel Aurélie pointe son index ? Tu as vu ça, comme c'est fou ?

Il reçoit pour unique réponse de grands éclats de rire. Nous savions très bien que la marge de manœuvre était suffisante pour cette petite boutade. Ma belle-mère continue de rire à gorge déployée :

— Quelle sacrée nénette ta femme, dis donc !

Pour mon beau-père, en revanche, c'est une tout autre limonade. Son ton est beaucoup plus grave. D'un tempérament plutôt conservateur et n'ayant eu que des garçons, ce message est une véritable onde de choc. Aux dires de sa femme durant la brève conversation qu'elle a eue avec son fils, il a manqué de chuter dans l'escalier en cherchant à la rejoindre, pour lui demander si, elle aussi, avait reçu cette photographie. De son aveu lors de notre visite quelques semaines après ce second *hairgate*, il n'y avait pas vraiment cru, persuadé d'une blague plus que douteuse. Nous en avons parlé longuement, même si je n'avais que peu de mots pour apaiser son tourment. Encore plus que d'autres, il eut un profond besoin de comprendre. « Mais pourquoi ? Qu'est-ce qui t'a pris ? » J'avais juste envie.

D'un côté, mon père doit me tuer, de l'autre, mon beau-père est abasourdi d'avoir cette femme pour belle-fille, ne sachant plus à quel saint se vouer. Tout va pour le mieux dans le meilleur des mondes !

Sans qu'il s'en rende compte, mon beau-père avait dû m'encourager. J'ai fini par lui donner raison. L'intérieur et l'extérieur sont désormais raccord : originale et exubérante des pieds à la tête. Est-ce une tentative de ma part pour choquer, me faire remarquer ? Bien que ce soit surprenant, j'ai plus apprécié cette facette de la médaille : les badauds tout comme mes proches n'en reviennent pas. C'est jouissif de se dire que cet acte, même si j'avais conscience qu'il interpellerait, puisse créer de si vives réactions. Une simple tondeuse m'a conduite vers cette réalité impossible à imaginer avant de la vivre : être une femme et avoir les cheveux rasés au XXIe siècle, quelle qu'en soit la raison, est manifestement fâcheux pour la gent masculine. J'ai osé leur manifester mon désaccord. La rébellion vous effraierait-elle, chers messieurs ?

ET TON MARI, IL EN PENSE QUOI ?

Depuis la Première Guerre mondiale, les femmes ont su démontrer aux nations engagées dans le conflit leur capacité à travailler autre part que dans le foyer. Tous les hommes sont au front, mais qui fabrique les armes pendant ce temps ? Jacqueline, Yvonne, Martine, Rosaline, et toutes les autres. En 1944, c'est la consécration : les femmes françaises majeures – vingt et un ans tout de même, obtiennent le droit de voter. En théorie seulement car, dans la pratique, les maris encore réticents mettent parfois le bulletin dans l'enveloppe de Madame avant de le lui rendre pour que, elle-même, comme une grande, aille le glisser dans l'urne.

En 1965, la femme peut – enfin – gérer ses biens, ouvrir un compte en banque et, par-dessus tout, exercer une profession sans l'autorisation de son mari. Nous en arrivons à la loi Veil, en janvier 1975, qui permet la dépénalisation de l'avortement.

Tout un siècle de législations et de combat pour l'égalité des sexes pour entendre encore cela : « Et ton mari, il en pense quoi ? »

Avoir des questions, je m'y attendais, des plus déplacées aux plus drôles. Mais celle qui m'a le plus consternée fut bien celle-ci : « Et ton mari, il a dit quoi ? » ; avec ses variantes comme : « Mais, il était d'accord ? » Bien que je sois choquée par le propos en lui-même, ce n'est pas le pire. En effet, aucun homme ne m'a posé ces questions. Eux se sont contentés d'aborder le sujet directement avec mon époux : « Qu'est-ce que tu as dit à ta femme ? » Non, ce sont bien des femmes, avec une certaine consternation dans la voix, qui m'ont interpellée pour s'enquérir de la sanction maritale.

Que devons-nous comprendre de la gent féminine qui m'interroge à ce propos ? Je n'ai ni besoin de l'accord de mon père, ni de mes frères, ni de celui de mon mari pour faire ce que je veux de ma crinière châtain ! J'ai le droit de vivre ma vie comme je le décide. Voilà pourquoi cette question me semble si rétrograde ! Alors oui, je proclame haut et fort avoir la possibilité de renoncer à ma chevelure, et ce que mon mari soutienne ou non ma démarche. Il n'a pas besoin de me signer un bon d'autorisation ou une décharge que je sache. D'autant qu'il a participé au massacre à la tondeuse. Dans les premiers temps, je répondais presque léthargique, comme assommée : « Non, il n'a rien dit de particulier. Nous en avions parlé ensemble au préalable point final. » Quelle déception dans leurs yeux ! Elles auraient voulu plus de croustillant à se mettre sous la dent : « Non, il n'était pas d'accord, il m'a menacée de divorce, on a cassé la porcelaine de l'héritage de sa grand-mère après une longue dispute et, de rage, je me suis tondu le crâne devant lui avant qu'il n'aille se rouler en boule dans un coin de l'appartement pour pleurer son désespoir. Le tout avant de se réconcilier dans une apothéose sur l'oreiller. » Désolée d'avoir tué vos fantasmes, ce fut bien plus banal. Commençant à me rendre compte que la réponse à cette question intéressait particulièrement, j'ai fini par changer ma version. Pour faire réfléchir ces dames, je balançais donc : « Eh bien, à ton avis ? » ; pour provoquer : « Qu'est-ce que cela peut faire ? » Pour certaines, la réponse ne tardait pas, elles s'étaient facilement projetées dans une situation similaire : « Le mien ne serait pas d'accord, il me tue si je fais un truc pareil. »

Consternation. Nous sommes d'accord, l'utilisation du verbe « tuer » est hyperbolique, à prendre au second degré. Malheureusement, il y a toujours une once de vérité dans ce type de réponse. Certains auront déjà eu cette illumination, mais j'ai pris conscience – vraiment, en profondeur – à quel point certaines femmes sont contraintes (ou se contraignent ?) dans leurs choix, leurs actions, si ordinaires, voire insignifiantes soient-elles. Ce vilain adage populaire prétend que les hommes se font mettre la corde au cou le jour où ils se marient, mais cela ne leur semble pas strictement réservé. Du jour où les femmes se marient, ces décisions pourtant propres à leurs corps ne dépendent plus uniquement d'elles. Attention, je ne parle pas ici de choix de vie ou de décisions de couple qui nécessitent concertations et communication. Mais bien des actions et des choix individuels. On est loin de l'*independent woman*[1] si bien chantée par Beyoncé et ses copines des Destiny's Child en 2001.

Vous me pensez peut-être contradictoire car, oui, j'avais moi-même posé la question à mon mari (ce que vous n'ignorez pas si vous en êtes arrivé·e à ce chapitre). Mais rappelez-vous, mon intention était avant tout de nous préparer au changement, et ce aussi bien pour lui que pour moi. Je ne quémandais pas une permission. À l'occasion de ces réflexions sur le couple et la place de la femme dans celui-ci, je me remémore une discussion que mon mari a eue avec l'homme qui l'a interpellé à ce sujet :

— Tu laisses ta femme aller danser toute seule la salsa, avec des hommes qu'elle ne connaît pas ? !

Réponse sans appel de mon mari :

— Oui, pourquoi ? Je n'ai pas à l'en empêcher en fait, c'est une grande fille, elle fait ce qu'elle veut.

---

1. « Independent Women » (femmes indépendantes en français) est un titre qui fait aussi partie de la bande sonore du film *Charlie et ses drôles de dames*. Il revendique l'égalité des sexes dans les relations de couple et l'émancipation – notamment financière – de la femme. Les chanteuses appellent à ce que toutes les femmes parvenues à ce stade, malgré les difficultés, en soient fières.

Contre-attaque du mâle en quête d'une fausse virilité à travers l'emprise qu'il a sur sa femme :

— Eh bien avec moi, elle ne pourrait pas.

Et sa femme d'ajouter, comme pour justifier l'opinion de son compagnon :

— De toute façon, je n'en ai pas envie.

Mais ce n'est pas la question ! Que se serait-il passé si cette femme était allée danser seule ? Certes, elle n'en avait pas envie, mais cela voulait surtout dire que sans l'autorisation préalable de son mec, cette femme ne pouvait pas vaquer librement à ses loisirs. Prenons l'hypothèse qu'elle veuille, un jour, essayer. Cette femme se restreindrait-elle au point de ne rien demander pour ne pas aller contre l'avis de son compagnon, qu'elle connaît désormais ; aurait-elle si envie d'aller danser qu'elle prendrait le risque de négocier et d'essuyer un refus ; ou bien y serait-elle allée quoi qu'il advienne ? Nous pouvons même nous demander si le simple fait de connaître l'avis de son conjoint ne la conditionnerait pas au préalable à ne pas avoir à se retrouver en position d'infériorité en quémandant une autorisation. Tout le problème émane de cette nécessité d'obtenir un quelconque consentement, alors qu'il s'agit de *son* corps. Elle ne devrait pas se trouver dans cette situation infantilisante. Avant de vivre avec son compagnon, cette femme prenait bien ses décisions seule, alors pourquoi changer cette manière de procéder sur des choix qui n'engagent qu'elle-même ? Le couple est censé être une troisième entité qui respecte l'égalité de chaque membre, et non une sorte de méandres dans lesquels chacun abandonne son identité propre pour former une nouvelle et unique personne avec l'autre.

Je parle pourtant d'une femme née dans les années 1980, ayant grandi au sein d'une culture qu'on pourrait qualifier d'occidentale, sans influence religieuse particulière et dans le contexte familial de son époque. Comment est-on passé des événements de Mai 1968 et des mouvements pour la libération de la femme qui ont dénoncé les contraintes patriarcales dans lesquelles évoluaient les femmes, à ce que l'on s'enquiert de l'approbation de mon mari quant à ma coupe de cheveux ? M'aurait-on demandé ce que pensait mon mari si j'avais décidé de faire mes études à HEC ou de devenir tatoueuse ? Dans le premier cas majoritairement non, dans le second très probablement ! Car cela suppose qu'il faut un avis dès lors que l'on sort des sentiers battus, comme si une autorité compétente allait me remettre dans le droit chemin duquel je suis sortie. Toutes les décisions des femmes ne se valent apparemment pas. Dans un cas, je suis intelligente, ambitieuse et lettrée, je n'ai donc pas besoin du consentement marital pour corroborer mon choix. Sauf si ce dernier ne supporte pas d'avoir une femme qu'il jugerait plus diplômée que lui afin de ne pas heurter son ego. Cette situation serait également problématique. Dans l'autre cas, devenir tatoueuse, je ferais presque preuve d'immaturité, de folie, en voulant me réaliser dans un métier artistique jugé, par bon nombre, comme choquant (au-delà de toute considération de salaire fluctuant ou insuffisant afin de ne pas biaiser le débat avec d'autres variables !). Je ne suis pas en capacité de prendre ma décision seule, donc un homme qui fait autorité, en l'occurrence mon époux, doit me raisonner.

Toutes les décisions ne se valent pas dans le monde patriarcal : l'accès à plus d'émancipation doit être soumis à l'homme (père, mari), mais ce qu'ils jugent comme des futilités est alors dénué du moindre intérêt pour eux. Dans ce dernier cas, l'illusion pour la gent féminine de prendre seule ses décisions est sauve. Que de générosité Messieurs !

Plus j'y réfléchis, plus cela m'apparaît limpide. Toutes les femmes qui m'interrogent sur ce point ne se sentent pas suffisamment libres de faire ce qu'elles désirent. Pas libres d'oser vivre la vie à laquelle elles rêvent en secret. Oui, si l'une de vous lit cela, peut-être pensera-t-elle que j'exagère. Peut-être. Mais peut-être pas. En êtes-vous certaine ? Il est parfois plus facile de se retrancher derrière pléthore de raisons externes, de normes sociétales que d'analyser les origines profondes de cet empêchement.

Et vous, chers partenaires de tout sexe ? Qu'en pensez-vous ? Interdisez-vous à la personne qui partage votre vie de se couper les cheveux comme elle ou il le souhaite ? Lorsqu'on tient vraiment à vous, on demande rarement le divorce pour une coupe de cheveux ou une danse avec un·e inconnu·e. Comme précisé, cette question, aucun homme ne me l'a posée à moi, principale concernée. Mon mari, lui, y a eu aussi droit. Aux détours de conversations à la machine à café, de visionnage de photos post-vacances, lorsqu'un homme de son entourage personnel ou professionnel apprenait que j'avais dit adieu à mes cheveux, lui aussi s'inquiétait de savoir ce que son autorité suprême avait décidé du sort de l'épouse désobéissante : « Comment as-tu pu laisser faire une chose pareille ? – C'est une grande fille, elle fait ce qu'elle veut. » Quelle déception pour eux qui s'attendaient certainement à plus coercitif ! « Mais tu la trouves belle comme cela, ça te plaît ? » Nous revoilà au point de départ de ce cercle infernal : non seulement je dois être belle (donc cela passe par mes cheveux), mais je dois en plus recueillir l'assentiment de l'autorité masculine. Comme si, à travers chacun de mes actes, mon unique objectif dans la vie était de plaire à mon époux, satisfaire *sa* vision de la beauté.

Et c'est bien à cause de ces asservissements presque invisibles que les femmes en deviennent leurs propres censeurs. Elles enracinent leurs propres blocages dans le sillage de l'autorité masculine ou sociétale, qui a, au préalable, édicté les lois. À force d'avoir eu à rendre des comptes à tous les hommes dans le passé, qu'ils soient personnels ou liés à l'histoire de l'humanité, nous constituons aujourd'hui nos propres freins. Comme cette amie célibataire qui me demande si ses cheveux ne lui donnent pas un air trop strict lorsqu'ils sont attachés. Ma réponse est sans appel : non, je ne trouve pas. Je comprends vite que cela est bien trop léger pour la convaincre du contraire. Devant ma confession d'impuissance à l'amener à plus d'indulgence envers elle-même, la vérité éclate : « On me l'a souvent reproché… « on » étant un con, et je préfère vérifier auprès de quelqu'un d'autre, eh bien tu vois, « on » raconte n'importe quoi. » Voilà comment quelques remarques peuvent bousculer la confiance en soi d'une personne à travers le regard d'un homme et de ce que ce dernier juge approprié pour cette femme. Il en va encore ainsi à notre époque. Parce qu'elle avait les cheveux attachés dans un contexte professionnel et que cela a déplu à un homme (sans aucun autre rapport que d'être collègue de travail de surcroît). Je dis cela sans ironie aucune, bien au contraire. Tout cela à cause d'une simple remarque d'un *homme* sur les cheveux d'une *femme*.

Il faut bien le reconnaître, le patriarcat est parvenu à un travail de sape très puissant. Toutes les brimades de certains hommes nous ont assujetties jusque dans nos comportements, parfois jusqu'à nous brider nous-mêmes avant de tenter une quelconque action, sans même que ce soit une folie. C'est fort, c'est efficace et c'est sûrement ce qui rend le détachement de ses habitudes insidieuses encore plus difficile. Alors pour qui vivons-nous, pour qui vivez-vous votre vie ? Est-ce que l'on vit pour les autres, pour nous ? Les deux ? Mais, par-dessus tout, pour qui devrions-nous *vraiment* vivre ?

Quand certaines femmes se cachent derrière ce mari qui décide pour elles avec leur : « Ton mari il en pense quoi ? », d'autres ont le courage de leurs propres opinions et me balancent tout de go : « *Je* n'oserai jamais. » Parmi elles, il y a d'ailleurs autant de femmes célibataires – donc potentiellement moins exposées à un·e partenaire en mesure de les influencer dans le sens qui n'est pas le leur – que de femmes mariées. Mais, au sein de ce dernier groupe, je perçois, quand elles me parlent de cette incapacité qu'elles auraient à essayer, une certaine forme d'admiration. Même si mon geste devenait, par projection, impensable avant tout pour elles-mêmes, je suis devenue pour ces épouses une héroïne capillaire. « C'est trop génial, ça te va trop bien... », puis avec une moue mi-effrayée mi-triste ou alors avec de grands yeux ronds : « *Moi* je n'oserais jamais. » Si ce n'est le mari, c'est donc bien sa propre personne qui constitue une entrave. « Ça ne me suffit pas, dis-m'en plus, argumente ! » Je ne vais pas me contenter de si peu maintenant que je suis devenue mon propre objet d'étude sociologique. Je pose la fameuse question, non sans malice : « Ah bon, pourquoi ? » Par effet miroir, je me dois de les faire réfléchir. « Tu n'oserais jamais », et pourquoi pas en fait ? Si vous vous étonnez des raisons qui m'ont motivée à me lancer, je m'étonne en retour des raisons qui vous en empêcheront, surtout si la motivation est *réelle* ?

« J'aurais trop peur que cela ne m'aille pas. » Tiens donc ? Cela me rappelle quelque chose. Étant passée par là dans mes élucubrations, j'ai dans ma besace moult démonstrations à leur proposer. Mais cinq à dix minutes de discussions de comptoir ne suffiront pas à changer la donne. Elles en sont convaincues : *elles ne pourront jamais oser.*

« J'adore ta coupe, ça doit être très pratique et facile à vivre, plus besoin de se laver les cheveux et de se coiffer le matin, trop bien. » Oui, je confirme, une facilité si déconcertante au point de me demander pourquoi nous sommes si nombreux.ses à perdre encore un temps précieux en problématiques capillaires.

« Eh ! Je suis totalement d'accord. Si tu veux faire pareil, c'est hypersimple. Je te prête ma tondeuse. »

…

Silence.

OÙ SONT LES HOMMES ?

Mais oui, où sont-ils donc tous ces hommes avec les cheveux aussi courts que les miens ? Après tout, je ne suis pas la seule à avoir peu ou plus du tout de poils sur le caillou. En guillotinant mes cheveux, je me suis retrouvée, par voie de conséquence, dans la même situation qu'environ 35 %[1] des hommes en France. À savoir vivre avec un crâne précocement nu. Certes, j'ai encore quelques millimètres de cheveux et la chance de savoir que les miens repoussent encore, mais à bien y regarder, un crâne d'homme ou de femme quasiment à poil, même topo. D'ailleurs, je suis surprise. Personne ne m'a jamais prise pour un homme. Jamais. Cette question m'a été posée à de rares reprises, mais à ma connaissance, non, cela ne m'est jamais arrivé.

Alors de mon point de vue forcément subjectif et sans tomber dans le *womansplaining*[2], j'ai voulu mieux appréhender le ressenti des hommes face à cette situation. De ma fenêtre désormais ouverte en grand, ne plus avoir de

1. Statistiques issues du reportage « 66 minutes » diffusé le 10 mars 2019 sur la chaîne de télévision M6.
2. Par analogie avec le mot *mansplaining*, qui qualifie les hommes qui font valoir leur avis sur des sujets féminins et sous-entendent aux femmes à qui ils s'adressent qu'ils savent mieux qu'elles.

cheveux m'apparaît si commode au quotidien. Surtout en retirant tous les désagréments liés aux attendus sociétaux de mon sexe. Cela doit donc être formidable pour eux. D'autant que les gens ne se retournent que peu dans la rue au passage d'un homme au crâne rasé ou glabre, et ce qu'il ait vingt ou soixante ans. C'est courant, nous sommes habitué·e·s. En revanche, si une femme le fait, elle croule alors sous les quolibets. J'ai donc intuitivement pensé que cela ne constituait en rien un problème pour la gent masculine.

D'après l'IFOP[1], en 2015, la calvitie touche un Français sur quatre, et ces derniers perdent de plus en plus leurs cheveux à mesure qu'ils vieillissent ; tandis que 2 % seulement des Françaises sont touchées par ce phénomène. La statistique est implacable : il est donc bien plus fréquent de croiser un homme au crâne nu qu'une femme. Ces tendances seraient stables depuis les années 1990. Les progrès de la science ont même percé à jour le mystère de la chute des cheveux chez les hommes. Ce phénomène est provoqué par l'hormone mâle par excellence, la fameuse testostérone. Si elle participe à la construction physiologique de l'homme, elle a une incidence sur le mécanisme de la chute précoce des cheveux lorsqu'elle est présente en trop grande quantité. Deux exemples probants étayent cette thèse : les eunuques ne connaissent pas ce processus tandis que les cheveux tombent en plus grand nombre chez les femmes ayant eu un traitement contenant un certain dosage de l'hormone. Parce que ce phénomène est plus familier chez l'homme, et ce depuis la nuit des temps, il est tentant de penser que porter fièrement le crâne lisse est aisé pour ces messieurs. L'importance que les femmes attachent à leur propre apparence – et qui leur vaut bien souvent des moqueries, des blagues et autres taquineries de la part de la gent masculine (j'en veux pour preuve toutes les blagues sur les blondes par exemple) – est loin d'être aussi développée chez l'autre sexe. Pour qui sont

1. *https://www.ifop.com/publication/les-francais-et-la-chute-de-cheveux/.*

les clichés (qui, comme tout trait de caricature, tire bien sa vérité de quelque part) de ne rien avoir à porter malgré une armoire débordant de vêtements, de passer des heures dans la salle de bains ? Ces stéréotypes collent à la peau des femmes. Les mâles ont été épargnés, eux, par les mythes édulcorés des princesses aux cheveux longs. Certes, ils ont aussi baigné dans les contes de fées, mais l'angle de vue était tout à fait différent : le prince est le sauveur de ces dames, fort et courageux.

Qui se souvient de la chevelure du prince de Raiponce ? Des cheveux du héros sauveur de la belle Aurore ? Personne[1] ! Et pour cause, si les petites filles se rappellent la belle princesse aux cheveux longs, les petits garçons retiennent bien d'autres éléments que les cheveux du prince : il doit être puissant et plein de hardiesse afin de braver tous les dangers pour secourir la demoiselle en détresse. Eh oui, tout le monde s'en tape comme de l'an quarante des cheveux du prince ! Une même histoire mais des injonctions différentes. Malheureusement pour nous toutes et tous, les hommes non plus n'ont pas été épargnés. Ils doivent être grands, forts, courageux, fermes, donc ne pas faire preuve de sensibilité, ne pas pleurer. (Ne nous piquez pas tout cela ! Que nous resterait-il à nous, pauvres donzelles ?) Si le cheveu touche à la féminité, pourrait-il donc jouer un rôle majeur dans la définition du masculin ? Un homme perd-il sa masculinité s'il perd ses cheveux ? Quelles relations entretiennent vraiment les hommes avec leurs cheveux ?

Je me remémore cette histoire que maman me racontait plus jeune. Selon l'Ancien Testament, Samson tire sa force herculéenne[2] de sa chevelure. Il est capable de tuer un lion à mains nues, et s'est enfui après avoir été retenu par ses ennemis philistins. Il en terrasse d'ailleurs plus de

1. Sauf peut-être les fans absolu·e·s de dessins animés, dont je fais aussi partie !
2. Aucun hasard dans le fait de qualifier la force d'un personnage biblique par un personnage mythologique qui s'avère, en tant que demi-dieu, la référence en termes de force. La boucle est bouclée.

mille à lui seul, rien que ça ! Batman et compagnie n'ont qu'à bien se tenir ! Mais Samson se fait séduire par Dalila, qui finit par découvrir le secret de sa force. Cette femme le trahit et lui coupe des mèches lors de son sommeil afin de livrer l'homme, ainsi désarmé, à ses ennemis de toujours, les Philistins. Presque évidemment, à cette époque déjà, les femmes ne peuvent être que de vilaines tentatrices responsables de la perte de ces messieurs, le tout avec une belle chevelure bien sûr ! Quelle est la morale plus ou moins consciente de cette légende biblique ? Le cheveu est sacré, magique, élevé au rang de majesté. Toute jeune déjà, je connaissais cette histoire. Je ne dois donc pas être la seule à avoir assimilé ses messages, surtout lorsque l'on sait qu'elle provient du livre le plus vendu de tous les temps[1]. Il me paraît bien difficile de faire plus efficace en termes d'impacts négatifs sur l'homme et son rapport à la chevelure.

La légende du cheveu porteur de pouvoirs magiques a également sévi dans la civilisation romaine. Cette dernière considérait la calvitie comme une perte de force et donc une diminution physique. À votre avis, à quoi servait la très célèbre couronne de laurier de César[2] ? Certes, elle reste la matérialisation du statut de l'empereur avant tout, mais pas uniquement. Je vous le donne en mille : face aux moqueries de ses ennemis, les feuilles de laurier étaient bien utiles à Jules pour retenir les quelques mèches dont il disposait encore afin de cacher son front déjà bien dégarni. (Je crois savoir d'où le prince Charles tient son inspiration.) Preuve en est faite : un homme peut aussi souffrir de ne pas avoir le cheveu fourni. En effet, s'il tire sa force de ses cheveux, que la société exige de lui qu'il soit suffisamment fort et viril pour repousser par milliers ses ennemis, je vous laisse en tirer les conclusions appropriées. Bingo ! Un homme *doit* avoir des cheveux. Les

---

1 *https://www.senscritique.com/liste/TOP_121_des_livres_les_plus_vendus_de_l_Histoire/1765866.*

2. *https://www.arkhe-editions.com/magazine/la-calvitie-precoce-cheveux-traitement/.*

perdre équivaudrait à renoncer à sa force et, par effet de bord, à glisser vers l'incapacité ultime, la vieillesse.

Avoir vingt, vingt-cinq ans et se sentir vieillir si tôt alors que l'on en est seulement à l'aube de son existence, que l'on pense avoir la vie devant soi (ce qui est le cas bien sûr) constitue un choc épouvantable, une sacrée claque. C'est le témoignage[1] que nous livre un jeune homme de trente et un ans, Salah. Il se sent dix ans de plus lorsqu'il voit son reflet dans le miroir. Alors, dans l'attente de l'opération qui lui redonnera confiance en lui — une implantation capillaire — il porte une casquette. « Ça fait plus jeune », paraît-il. Aussi sûr que la société impose aux femmes les cheveux longs, un homme doit avoir des cheveux sous peine d'être vieux avant l'heure, impotent, faible. Plus un homme, en somme.

La chirurgie esthétique offre une solution à ces nombreux hommes qui souffrent. Dans deux reportages diffusés en 2015 et en 2020 par France Télévisions, les récits sont instructifs et touchants : à vingt-deux ans seulement et atteint d'une calvitie encore très peu visible, cet homme décide d'aller en Turquie afin de se faire greffer des cheveux pour la somme de 2 000 euros. Une des journalistes l'explique ; ce fut difficile de trouver des hommes prêts à témoigner. Il a fallu les convaincre de s'exprimer sur le sujet alors qu'ils n'osent en parler qu'à demi-mot : « Si on y a recours, c'est que cela nous pose un problème d'image. » Et, après l'opération, ce dernier déclare : « On se sent mieux, c'est tout. » C'est ensuite le tour de Carlos. Dès ses vingt-cinq ans, les cheveux tombent, et ce de plus en plus vite. 7 500 euros dépensés en France et neuf ans plus tard, il a retrouvé sa confiance. Voilà comment les mythes, les histoires, les légendes, le cadre sociétal parviennent à faire dépenser des sommes folles, quitte à prendre tous les risques (les charlatans ne sont jamais loin pour profiter de la détresse de leurs prochains et être à l'origine de ratés encore plus désastreux pour ceux et celles qui les vivent), pour avoir des cheveux et donc se sentir un homme viril.

---

1. Reportage diffusé par France Télévisions en 2015.

Dans cette course à la perfection, certains choisissent l'option des soins capillaires fortifiants, dont l'efficacité reste à prouver, ou autres traitements médicamenteux, pouvant aller jusqu'à ruiner leur vie sexuelle[1]. En effet, un médicament initialement prescrit pour réduire les effets de la calvitie, le Propecia®, a été fustigé après la découverte d'effets secondaires majeurs. Des patients ont en effet présenté de graves troubles, comme la baisse du désir sexuel et la dépression, allant dans certains cas jusqu'au suicide. Être prêt à prendre autant de risques pour des cheveux, c'est dire si les pressions et le regard de la société sont éprouvants. Comment a-t-on pu en arriver là ?

D'autres remèdes plus originaux et bien moins invasifs ont vu le jour pour répondre à la détresse des crânes chauves ou dégarnis : le tatouage de la tête ou de la zone nue, joliment dénommé la « micropigmentation capillaire ». Afin de rendre au crâne sa splendeur passée toute relative, le tatoueur dessine par milliers des petits points répartis uniformément sur l'ensemble de la zone à traiter pour donner l'impression d'avoir quelques millimètres de cheveux. Une des entreprises qui s'est lancée dans ce business s'appelle Good Look Ink, nom construit sur la contraction de deux expressions anglaises : *good looking* et *ink* (*good looking* signifie « être beau », « séduisant », « bien se présenter » et *ink* « encre »). Ce jeu de mots ne fait malheureusement qu'insister sur le besoin impérieux d'être chevelu pour avoir le *good looking*, être beau. Sans cheveux, vous êtes moche. Alors ayez des cheveux, même si c'est au prix de l'illusion (plus de 2 000 euros tout de même).

Ceux qui n'ont pas une fortune à dépenser s'en sortent comme ils peuvent. Ils font contre mauvaise fortune bon cœur et trouvent, tant bien que mal, leur chemin vers l'acceptation de leur sort capillaire. Les hommes déterminés à affronter le destin avant de le subir définitivement

1. *http://www.leparisien.fr/societe/propecia-alerte-sur-le-medicament-miracle-anticalvitie-08-11-2017-7379583.php.*

prennent le taureau par les cornes ou plutôt la tondeuse à la main. Une fois que le processus de chute est trop avancé, on rase le peu qu'il reste. Un acte qui, s'il est consenti et réfléchi, participe à la résolution du problème : s'accepter tel·le que l'on est et surtout évoluer, gagner en détachement face au regard de l'autre. En me rasant le crâne, j'ai eu l'honneur d'en faire l'expérience très précise. Il est difficile d'accepter de ne plus avoir de cheveux quand la société entière refuse en bloc de vous regarder ainsi. Je réalise, au travers de ces réflexions, à quel point le terme « perdre », au lieu de « tomber », pour qualifier la chute des cheveux est culpabilisant, rendant la personne active dans ce processus. C'est d'autant plus frustrant que le processus de perte de cheveux est inexorable. Comme si les personnes étaient responsables de leur propre sort ! Comme s'il y avait moyen d'agir ! Mais quelle culpabilisation pour la personne !

Serait-ce pour toutes ces raisons de poids capillaire à porter sur leurs épaules que, depuis toutes ces années, les hommes ont érigé le cheveu des femmes en majesté ? Non, ne les coupez surtout pas, vous en avez, vous, gardez-les ! Ces hommes savent à quel point il peut être difficile de ne pas avoir de cheveux tant cela est mal perçu depuis nombre d'années, même pour eux. Ils ont voulu nous en préserver ! Comme si les cheveux des femmes devenaient ceux auxquels ils ne pourraient plus jamais prétendre, telle l'extension des leurs.

*

À l'occasion d'un verre avec un ami, ce dernier ose enfin me confier ses tourments capillaires pour la première fois. Je n'avais jamais eu ce type de conversation avec lui avant de passer de l'autre côté du miroir. Il se désole d'observer le recul inévitable de la ligne de ses cheveux de plus en plus en arrière de son front, laissant apparaître ce qu'on appelle les « golfes ». Ce sont ces espaces, de part et d'autre du crâne, où la peau gagne du terrain sur le cheveu. « J'ai vu un mec, crâne rasé, il était trop beau. Super viril. Costaud. Le crâne rasé lui allait trop bien, et moi je me disais que ça ne m'irait pas… » Pour lui, sans cheveux, plus de séduction possible, cela ne lui irait pas, il ne serait pas beau. Le même mécanisme implacable que celui que j'avais pu éprouver, en tant que femme : l'absence de cheveux procure un sentiment de diminution. Cet ami ressent ce que j'ai vécu quand j'ai renoncé à ce qu'on attend de moi, c'est-à-dire avoir des cheveux d'une certaine longueur ; dans le cas précis de mon ami, c'est la perte de son pouvoir de séduction et donc de sa beauté. Ne plus avoir de cheveux reviendrait presque à une castration. Sans eux, l'homme se présente également nu et affaibli devant le monde entier. Que faire face à cette situation alors que l'on est dans la peau de celui qui est censé être fort, invincible, l'homme puissant, sans faille aucune ? Pourtant, mon ami avait réussi à percevoir la virilité de cet autre homme, malgré son crâne glabre. Un homme peut donc véhiculer cette impression autrement que par ses cheveux, oui, c'est possible !

Je suis donc parvenue à cette conclusion : les hommes ne sont pas non plus épargnés par les injonctions de genre et de masculinité chevelue. J'ai eu tort : pour eux non plus, ce n'est en rien facile de vivre sans cheveux. Tout est loin d'être rose pour le sexe tributaire du bleu. Et je me rends compte de cela parce que je suis de leur côté désormais. Je peux aussi comprendre.

*

Peu de temps après le massacre à la tondeuse, alors que j'étais de retour à Paris avec ma tête d'alouette déplumée, je passais régulièrement devant mon bistrot de quartier. Il est en bas de chez moi, donc où que j'aille ou presque, je ne pouvais faire autrement que de passer devant. Tant et si bien que j'ai fini par être familière avec son directeur.

Je le salue donc tous les jours. Changer de look capillaire n'a eu aucune incidence sur cette habitude, alors cette fois encore, je le salue de la main. Il a mis quelques instants avant de comprendre. Puis, son visage s'est illuminé et il est sorti de derrière son bar pour venir à ma rencontre.

« C'est trop génial, dis donc ta nouvelle coupe ! T'as copié ! Toi et moi maintenant, on a la même », me dit-il, tout sourire, en me touchant le crâne.

C'est très émouvant de recevoir une telle parole venant d'un homme. Sans arrière-pensées, une pure gentillesse. Puis je l'ai croisé de nouveau alors que j'étais en agréable compagnie. Comme chaque fois, il est sorti de derrière son bar pour nous saluer. Il se tourne vers mon homme pour communiquer son admiration, mais s'arrête tout net. Il remarque un manque dans mes cheveux, le fameux trou tant redouté depuis le début du processus. Il engueule alors Fred : « Non mais attends, fais mieux ton boulot, tu ne peux pas la laisser sortir comme cela, il faut vérifier le résultat ! »

Un vrai soutien public ! À la suite de quoi, il contrôlait systématiquement les travaux finis à chaque passage devant son bistrot.

Cela me bouleverse d'avoir cette nouvelle forme de lien social capillaire avec la gent masculine. Lorsque je croise un homme qui a lui aussi le crâne rasé ou qui est chauve, il y a souvent un sourire de connivence entre nous. J'ai même le droit à cette petite attention : « Ah ! on a le crâne rasé tous les deux, on a la même coupe ! » comme avec ce vendeur dans un magasin d'étoffes. Ou encore ce beau moment de complicité échangé avec un conducteur de bus (ils ne sont pas tous à l'image du précédent). Je monte à bord du véhicule et le salue. Il me répond à son tour, puis me dit avec un large sourire : « Vous avez la même coupe que moi, c'est sympa ! » Je suis comme acceptée par les membres d'un clan très privé : la SPSSCRC. La Société Pas Si Secrète des Crânes Rasés ou Chauves. Bien que ce club soit complètement fictif et inventé par mes soins, le Bold

Club[1], lui, existe bel et bien. Fondé en 2020 par Éric Judor et Nicolas Beretti, tous deux chauves, il promeut le principe d'appartenance et d'acceptation de soi à travers la commercialisation de produits de soin pour têtes dénudées. Des hommes chauves et fiers de l'être adhèrent à cette communauté exclusive et bénéficient alors de privilèges uniques en lien avec la « chauve-attitude », le tout avec de très belles touches d'humour.

Mon crâne nu devait les rassurer également sur leur identité. Cela leur a peut-être fait du bien de voir, malgré des moments sûrement difficiles pour s'accepter ainsi, qu'une femme pouvait renoncer à ses cheveux et, en tout cas de l'extérieur, le vivre bien. Ne plus avoir de cheveux n'est plus si grave que cela.

Quoi qu'en disent la société, les préjugés, les légendes ou les vraies histoires, nos cheveux ne peuvent construire et définir à eux seuls notre identité d'homme ou de femme, ou d'individus tout simplement. Il est grand temps de nous atteler à résoudre le problème à sa racine : accepter les têtes glabres, les crânes chauves, dégarnis, déplumés, rasés, les entre-deux, les transitions, les cheveux en tout genre, crépus, fins, abîmés ou même les « tout nus et même tout bronzés ».

Une fois que nous serons à l'aise avec ce style, ce sera le moment de partager une bonne blague.

Un homme demande à son coiffeur :

— Je perds mes cheveux, que me conseillez-vous pour les conserver ?

— Une petite boîte.

---

1. *https://lancement.theboldclub.com/*. *Bold* en anglais signifie « audacieux ». Sa prononciation est très proche du mot *bald* qui, lui, signifie « chauve ». Marre d'être stigmatisés et voulant promouvoir l'image des hommes chauves, les fondateurs ont lancé – grâce au financement participatif – un club d'hommes fiers de ne plus avoir de cheveux.

FILLES DE PUB *VERSUS* FILS DE PUB

Depuis que j'arbore fièrement ma tête de kiwi, je vois des cheveux partout là où je n'y attachais qu'une importance toute relative avant de les couper. Couvertures de magazines féminins avant l'été pour présenter la coupe tendance à adopter pour sa morphologie, présentatrices télé au brushing impeccable. Mais mon plus grand choc a été de constater la place prépondérante du capillaire dans la publicité télévisée. Tout produit, et surtout n'importe lequel – à savoir sans lien direct avec un produit pour les cheveux –, peut se vendre à condition qu'une femme avec une belle chevelure vante ses bienfaits supposés. Rappelons son caractère symbolique, le cheveu séduit, attire tel le chant des sirènes qui envoûta Ulysse. Une crème de nuit qui ferait mincir ? On présente à l'écran une femme aux cheveux longs, presque comme de bien entendu. Des canapés en cuir ? Faites asseoir dessus une blonde avec des cheveux si longs qu'ils lui retombent au creux des reins, et le tour est joué. Vous ne voyez aucun rapport entre ce produit et les cheveux ? C'est normal, il n'y en a pas. Voilà où les représentations de publicité nous ont mené·e·s : la société demande à la femme d'être grande, mince et d'avoir son long cheveu tentateur[1].

1. J'ai arrêté là la liste des injonctions pour ne pas déprimer.

Elle vous ensorcelle : « Achète ce produit même s'il n'a rien à voir avec mes cheveux, tu le veux ! » Ne les voyant que trop rarement dans les publicités, c'est comme si les femmes ayant des cheveux courts n'existaient pas. Et, bien que les femmes et les hommes soient tous les deux pourvus de cheveux, il est affligeant de constater la manière dont est traité ce rapport aux cheveux chez les deux genres.

Dans les publicités pour des produits destinés aux hommes, les cheveux et tout ce qui entoure le concept de masculin sont constamment placés en opposition avec celui de féminin. Avez-vous déjà vu un homme secouant ses longs cheveux dans une publicité pour un shampoing ? Quant à moi, jamais[1]. Ou encore une publicité dans laquelle un homme se passe la main dans ses cheveux pour montrer leur caractère doux et soyeux ? Non plus. C'est là l'apanage de la publicité des shampoings pour femmes, qui nous dicte, à force de matraquage, le comportement à adopter envers nos splendides cheveux longs. Mais pour les hommes, soudainement, tous les codes changent. On repose le flacon de shampoing de façon très appuyée sur le rebord de la douche. Tendez l'oreille, le mouvement est accompagné d'un bruit puissant, grave (c'est vrai que cela doit être très bruyant lorsque ces messieurs tellement forts reposent le flacon de shampoing), la musique est stressante, mettant le téléspectateur sous pression, en haleine. On se croirait presque dans *Les Dents de la mer*[2]. Quel suspense, le monsieur aura-t-il les cheveux propres grâce à ce shampoing extraordinaire ? Ou sont-ce les pellicules qui vont finir par le clouer sur le pilori de la honte ? Vous le saurez au prochain shampoing !

Non satisfait de l'ambiance ainsi générée, le publicitaire regorge d'imagination pour parfaire son spot et lui injecter davantage de testostérone grâce, notamment, aux sportifs

---

1. Si vous me répondez par l'affirmative, envoyez-moi ladite publicité à cette adresse mail : aurelie.marchi@free.fr !
2. Film d'horreur américain sorti en 1975. Note de l'auteure : le thème musical angoissant et anxiogène du film a été utilisé pour la création du générique du journal télévisé de TF1.

de haut niveau : d'abord Michael Phelps, nageur champion olympique multimédaillé, puis des années plus tard, Antoine Griezman pour la marque Head & Shoulders, Dimitri Yachvili, célèbre rugbyman français ou Bixente Lizarazu pour Petrole Hahn. Lorsque les femmes séduisent dans les spots pour shampoings, les hommes se dépassent, toujours plus forts et confiants. Cette vérité peut paraître simpliste énoncée de façon si prosaïque, mais ces publicités sont pourtant pleines de symboles à décrypter. Ne plus avoir de longueurs m'a ouvert les yeux sur le capillaire qui nous entoure partout, même assise sur mon canapé devant mon petit écran.

Si vous possédez une télévision, vous avez sûrement déjà pu observer les campagnes publicitaires de la marque Head & Shoulders diffusées en France en 2018 et 2019. Pour celles et ceux qui n'en auraient pas ou pour les lecteurs et lectrices de Télérama, pas de panique, je m'en vais vous les expliquer en commençant par celle pour homme – galanterie dans l'autre sens, égalité des sexes oblige !

Un plan large sur un terrain de football : nous suivons de jeunes sportifs – garçons et filles (saluons ce bel exemple de diversité) – taper ensemble le ballon, avec les efforts et les difficultés que cela peut présenter. Puis, leur entraîneur, le célèbre footballeur français et néanmoins champion du monde, Antoine Griezman, excusez du peu, fait son entrée. Il encourage ses poulains à donner le meilleur malgré les baisses de moral ; ils et elles sont la relève, les champion·ne·s de demain. Quand tout à coup, les spectateurs et spectatrices entrent dans les vestiaires, et plus particulièrement la douche dans laquelle Griezman se lave les cheveux (logique, un entraîneur se lave toujours les cheveux après avoir coaché ses équipes, cela fait tellement transpirer de s'entraîner depuis le bord de la pelouse). La réclame se termine par un plan resserré sur le flacon de shampoing qui est déposé, ou plutôt matraqué par le sportif, sur une petite étagère. À se demander comment une si petite étagère peut encore tenir fixée au mur après un tel fracas. L'ensemble est accompagné d'un fond musical puissant, mettant en scène tout le machisme et la force liés à l'utilisation de ce shampoing vraisemblablement remarquable.

Face à ce spot pour vanter les mérites du shampoing masculin, j'ai pu voir celui destiné aux femmes seulement quelques publicités plus tard. Fini l'ambiance vestiaires qui puent la transpiration, l'entraînement et la compét', nous voilà plongé·e·s dans un univers blanc feutré d'un showroom de mode. Faites place à la féminité avec l'esprit confidence des boudoirs et autres petits salons. Cristina Cordula a mis Griezman sur le banc de touche. On la voit asséner ses conseils beauté et mode à une illustre inconnue aux cheveux longs (pas question de championne du monde ici, pour quoi faire ?), afin que cette dernière ait « le cuir chevelu sain et les pointes hydratées ». Et alors qu'en début de publicité, les cheveux de cette même femme étaient ternes, sans éclat, tout ébouriffés, voilà qu'ils se transforment après l'utilisation du shampoing magique. Nous ne la verrons pourtant jamais se les laver torse nu à la manière du footballeur ! (Pour un gel douche Tahiti© oui, mais pour les shampoings sûrement pas !) L'égérie de la réclame, ravie de voir le changement dans le miroir, joue avec sa chevelure, étale ses mèches pour montrer au monde leur brillance et leur beauté fraîchement retrouvées. Les cheveux sont bien *brushés* et apprêtés ; ils sont *soublaïmes*[1]. L'ensemble peut, à mon grand regret, être qualifié de niaiserie. Ça ne choque que moi ?

Deux salles, deux ambiances, tout cela pour nous vendre peu ou prou le même shampoing. Comment mieux démontrer l'analyse établie au chapitre précédent : les hommes et leurs cheveux sont associés à la force, au dépassement, à la combativité. Pour la femme ne restent plus que la beauté, l'image de soi, la séduction. Faire un tour dans le rayonnage des shampoings pour hommes de mon supermarché de quartier a achevé de me convaincre. Ici, pas de

---

1. Soit le mot « sublime » prononcé avec cet accent brésilien qui a largement contribué à la renommée de l'animatrice.

chichis, les hommes, les vrais, les durs, utilisent du tout-en-un pour le corps, les cheveux, après-shampoing inclus. L'espace réservé à leurs produits est au moins moitié moins imposant que celui des soins pour femmes. Ces marques pourraient argumenter qu'elles ne font que répondre aux codes et aux fonctionnements de la société contemporaine, afin que les consommateurs et consommatrices puissent s'identifier aux protagonistes, que cela leur parle suffisamment pour susciter le désir d'achat. Mais quelle est alors la responsabilité de la publicité, des marques et des messages qu'elles nous renvoient ? Même si les contenus et scénarios des publicités évoluent lentement dans un sens qui proment davantage d'égalité et moins d'images stéréotypées des hommes et des femmes, il reste un sacré bout de chemin. Il en va de même pour tous les autres produits : rasoirs, déodorants, gels douche, dentifrices ou brosses à dents. Et ça commence dès l'enfance, pour bien ancrer les messages et marquer les esprits. Cessez de nous prendre pour des pigeons à déplumer. Quoi qu'il en soit, on pardonnera bien volontiers à Griezman. Déjà parce qu'il a ramené la coupe à la maison, mais surtout parce que les footballeurs banalisent la différence capillaire en laissant libre cours à leurs envies : cheveux courts ou longs, colorés, accessoirisés de bandeau ou rasés. Quand verrons-nous davantage cette diversité capillaire se refléter dans l'intégralité de la société ? Réjouissons-nous déjà de ces hommes qui affichent fièrement leurs excentricités, ils existent et cela fait du bien !

*

Je vous ai menti[1] ! J'ai trouvé *une* publicité pour shampoing dans laquelle un homme arbore de très longs cheveux. Il s'agit de la campagne de lancement brésilienne de la gamme de shampoings pour homme, Dove Men + Care,

1. Je me devais de vous tenir en haleine le plus longtemps possible, me pardonnerez-vous ?

sortie en 2013[1]. On y voit un homme barbu, ses beaux et longs cheveux s'agitant au vent d'une soufflerie invisible, alors qu'il est assis à son bureau dans un grand *open space.*

Cette publicité part du principe que les hommes utilisent indifféremment du shampoing pour homme ou pour femme, pourvu que le produit lave correctement (on en reviendrait presque à la fonction primaire d'un shampoing dis donc !). La publicité met en scène un cadre moyen, étrangement perçu par son collègue. Ce dernier voit en lui la caricature de la femme des publicités stéréotypées (presque toutes les publicités en fait !) : cheveux longs dont les ondulations virevoltent, musique suave avec une voix féminine poussant haut les vocalises, auréole de lumière autour de ladite crinière, dans laquelle l'homme se complaît à sans cesse mettre les mains pour montrer à la caméra à quel point ses cheveux sont splendides. Son collègue, très étonné par cette apparence, lui demande alors quel shampoing il utilise. Pour en arriver à un tel résultat, il ne peut s'agir que d'un shampoing pour femme ! Intrigué par cette hypothèse, notre protagoniste se précipite – toujours cheveux au vent – dans un supermarché pour acheter, cette fois-ci, un shampoing pour homme : le nouveau Dove Men + Care. Après utilisation, il retrouve des cheveux d'homme : des cheveux courts ordinaires. Une voix grave et profonde, en opposition nette avec la voix aiguë ponctuant la bande sonore du début de la publicité, clôt ce spot en matraquant : « Les shampoings pour femme ne sont pas faits pour vous. » Je l'avoue sans crainte, je trouve cette publicité hilarante. Du moins de prime abord, car sous couvert de l'humour, on nous sert encore et toujours les mêmes salades flétries.

Tout d'abord, le rapport stéréotypé de la femme à ses cheveux, qui ne vivrait que pour en prendre soin, est présenté de façon grossière, voire grotesque. Et même si la publicité Dove est destinée au marché brésilien en 2013,

1. *https://lareclame.fr/53569+dove+men+care.* Publicité à voir absolument !

la marque Head & Shoulders présente au marché français en 2018 une publicité abordant ce cliché de manière tout aussi aberrante. Dans un second temps, cette réclame brésilienne présente comme incohérent, voire dégradant, pour un homme d'adopter le comportement supposé d'une femme, perçue de façon misogyne, avec ses propres cheveux. Non, c'est déjà réservé, les gars ! La publicité part de ce postulat sexiste que les cheveux des femmes et des hommes sont différents, mais sans apporter aucun fondement scientifique.

Les marques veulent nous faire gober n'importe quoi dans l'unique but de nous vendre davantage de produits. Cette stratégie se traduit par la mise en vente de produits dits « genrés ». Que les femmes soient « plus belles » et les hommes « plus forts »[1], mais attention, ce n'est apparemment pas interchangeable. Impossible d'être une femme forte ou d'être un bel homme doux. Il suffit de se rendre sur le site Internet français de la marque Dove Men + Care pour s'en rendre compte. Les exemples y sont édifiants. Tout un champ lexical de la force pour ces messieurs : fortifiant, combatif (« on combat les pellicules »), revigorant, un code couleur gris, bleu métallisé. Des hommes, des durs, des vrais ! Et, par opposition, la page des shampoings pour femme[2] m'a fait voyager vers de tout autres contrées. Ici la couleur historique de Dove, le blanc, prédomine. Tout y est très épuré, les femmes ont de beaux cheveux longs et soyeux. Le champ lexical n'est plus du tout belliqueux : on parle de nourriture, de beauté, de beaux cheveux, de « faire ressortir le meilleur », de « cheveux qui donnent une superbe allure ».

Attendez une minute ! Dove n'est-elle pas la marque pionnière dans l'acceptation du corps de toutes les femmes, quelles que soient leur couleur de peau ou leur morphologie ? Cherchez la cohérence ! Dommage, l'intention était louable,

---

1. *https://www.dove.com/ca/fr/men-care.html.*
2. *https://www.dove.com/ca/fr/hair-care.html.*

ils se sont perdus en chemin[1]. Et n'allez pas penser que je fustige une marque en particulier, L'Oréal et ses « parce que je le vaux bien[2] », Garnier qui a bien changé depuis les années 1990, et Head & Shoulders avec ses publicités diamétralement opposées pour traiter de shampoings pour homme et pour femme, il n'y en a pas une pour rattraper l'autre. Non, elles nous donnent à tous et toutes ce même message : Mesdames, soyez ainsi avec vos cheveux, et Messieurs, soyez comme cela. Vous ne pourrez plus jamais voir une publicité pour shampoing, masque ou soin capillaire de la même manière. Et j'en suis ravie. J'attire cependant votre attention sur ce dernier point : je ne suis en rien contre les femmes qui ont des cheveux longs et en prennent soin. Chacun et chacune est libre d'agir comme cela lui convient le mieux. Mais le fait que cette seule et unique image soit véhiculée en permanence par les publicitaires renie par la même occasion d'autres façons d'exister par rapport à sa chevelure, que ce soit pour le stéréotype féminin ou pour le stéréotype masculin. Où est la nuance ? Où est le dialogue entre les deux mondes ? C'est bien contre ce dernier point que je m'élève. La publicité conditionne et multiplie allègrement ces stéréotypes. Je ne vais pas me transformer en homme sous prétexte que j'utilise le shampoing de mon mari, parce que j'ai oublié de racheter un shampoing dit « pour femme ».

Ce rapport genré et stéréotypé des corps, et par extension des cheveux, est si bien ancré et assimilé qu'on l'oublierait presque. Heureusement, les réseaux sociaux et les polémiques associées sont là pour nous le rappeler. L'entreprise Instagram a connu, en 2019, une période trouble lorsque certain·e·s utilisateurs et utilisatrices se sont aperçu·e·s

---

1. Dove a marqué les esprits en 2005 en lançant sa campagne « Pour toutes les beautés ». Toutes les femmes, rondes ou minces, de toutes les couleurs de peau, étaient sublimées et mises en avant. D'autres initiatives ont vu le jour depuis sur leur site Web, comme sur l'estime de soi, mais il semblerait que les publicités et leurs discours ne soient pas toujours en cohérence avec les initiatives proposées par ailleurs.
2. Slogan de la marque L'Oréal.

que l'algorithme de reconnaissance des photos, censé lutter contre les contenus inappropriés, interdisait les publications d'hommes – ou de jeunes hommes – aux cheveux longs se présentant torse nu. Le programme informatique associait ce type de cliché à celui d'une femme torse nu qui est, lui, considéré comme un contenu inapproprié sur le réseau. Je tire deux observations accablantes de cet événement ; la première, un homme ne peut donc pas, selon ce système, avoir les cheveux longs s'il est torse nu (car il est associé à une femme). La seconde : d'accord pour un homme aux cheveux courts torse nu, mais une femme (peu importe sa longueur de cheveux dans cet exemple) torse nu devient un contenu inapproprié et vulgaire.

Tout un mouvement de protestation s'est alors mis en branle sur Instagram pour réhabiliter les photos d'hommes aux cheveux longs. Après un buzz médiatique, nous voilà revenu·e·s à l'équilibre déjà bancal du départ. Ces messieurs peuvent, avec insouciance, continuer de jouer au surfeur des plages en exhibant leurs pectoraux et leurs longueurs blondes, sans risquer d'être inquiétés. Je suis par ailleurs restée pantoise : car depuis le temps que les femmes essaient de faire entendre leur voix pour stopper la censure des photographies non pornographiques des seins ! Et ce n'est toujours pas possible à ce jour sur Instagram. Quelle que soit la longueur de ses cheveux, pour une femme, impossible de se balader torse nu. Il faut user de subterfuges grotesques. (D'ailleurs, qui emploie cette expression pour évoquer l'absence de vêtements sur le haut du corps de la femme ? Personne ; on parle de « seins nus » mais jamais de « torse nu ». Les seins prennent toute la place, jusqu'à en éclipser le ventre ou les épaules qui sont inclus dans l'expression « torse nu ». Pourtant en médecine, que l'on soit homme ou femme, les termes « poitrine » et « sein » sont indistincts et utilisés indifféremment du sexe.) Ainsi, si une femme ose le sans-vêtement en haut du corps, c'est au risque de tomber sous le coup de la loi aussi bien aux États-Unis (berceau de l'entreprise Facebook/Instagram) qu'en France. Une jurisprudence française de 1969 avait, en effet, condamné une femme qui jouait au ping-pong à Cannes, seins nus (oui le ventre nu, le dos nu, on s'en fiche, mais alors les seins nus, cachez-les !), car ces derniers avaient un mouvement décrit comme « sexuel ». Et comme l'humoriste Tanguy Pastureau le souligne dans une de ses chroniques radiophoniques[1] : « Si elle avait joué au jeu de l'oie, assise, à la cool, sans faire bouger ses seins, ça passait. » Mais je m'égare : si le cheveu, déjà tout un symbole de genre, nous tient en haleine, il nous faudrait un second ouvrage pour parler du sein. Revenons donc à nos cheveux !

1. Extrait de la chronique « Tanguy Pastureau maltraite l'info » diffusée sur France Inter le 28 février 2020 et intitulée « Hommes ou femmes, nous voulons l'égalité des tétons ! ».

BAS LES PERRUQUES !

Invitation personnelle

Date : du 21 au 23 nov.

À l'occasion de votre séminaire d'entreprise, nous avons l'honneur de vous convier à la traditionnelle soirée de clôture.
Cette année, le thème sera « Gatsby le magnifique, inspiration années 1920 ».

Lieu : surprise !!!

Dress code obligatoire : robe de soirée pour les dames, smoking pour les messieurs.

Quelle ne fut pas ma surprise à la réception de ce carton d'invitation ! Mon entreprise organise un séminaire dans cette grande capitale européenne habituellement réputée pour ses soirées underground. Mais cela ne s'arrête pas là : nous avons, en plus, la joie d'avoir une soirée de clôture à thème. Si je me fie aux événements précédents auxquels j'ai pu participer, cela promet d'être grandiose. Je suis donc très impatiente d'y être (vous commencez à me connaître désormais). Je me vois déjà dans le remake de *Gatsby le magnifique,* même si Frédérik n'est pas là pour incarner mon Leonardo[1].

Une question fondamentale surgit alors dans ma petite caboche : comment vais-je bien pouvoir m'habiller ? Je réfléchis à ma tenue et aux accessoires à trouver pour coller le plus au thème. Commençons par les vêtements. « Soirée mondaine », « dans les années 1920 », « Élégance » sont les mots-clés auxquels je me raccroche. De manière plutôt instinctive, j'envisage une robe, longue de préférence, dans des tons sombres (noir étant ce qu'il y a de plus évident pour la sobriété et le chic mondain). Viennent ensuite les accessoires.

Je commence par le boa en plumes, un classique à l'évocation des Années folles. De longs gants assortis compléteront parfaitement l'ensemble de la tenue. Je souhaite même y ajouter un fume-cigarette dans sa version très longue, celui avec lequel ces dames minaudaient dans les boudoirs enfumés des grandes demeures bourgeoises. *Yes,* je tiens une idée. Quitte à voir les choses en grand, j'y vais jusqu'au bout. Enfin, quelques recherches d'images sur Internet me font penser à agrémenter ma tenue d'un large bandeau de tête en satin, orné d'une plume majestueuse. Zut, crotte, flûte. Oui, tu omets un léger détail ma chère ! Un bandeau de tête sur une femme au crâne rasé ? Sérieusement ? Je me voyais déjà comme un de ces bébés potelés des clichés d'Anne Geddes sur les calendriers de bureau. Hors de question de déambuler dans une superbe soirée digne d'un décor de cinéma avec la tête d'un poupon rondouillard ? Aucune crédibilité en femme riche du grand monde de Fitzgerald si je porte ce bandeau. Je tue dans l'œuf cette idée. Mais que vais-je donc bien pouvoir faire de ma tête ?

---

1. Le roman de F. Scott Fitzgerald *The Great Gatsby* a été adapté au cinéma en 2013 par Baz Luhrmann. Ce dernier a choisi l'acteur Leornardo DiCaprio pour incarner le héros américain.

L'inspiration frappe comme souvent, lorsqu'on s'y attend le moins. Comme tous les soirs pour rentrer chez moi, je passe par cette rue dans laquelle plusieurs coiffeurs et magasins spécialisés en produits capillaires pour les cheveux de type africain exposent différents modèles de perruques. Je n'y avais jamais prêté la moindre attention jusqu'à ce soir-là. Jusqu'à ce que je passe devant cette vitrine. Je pousse la porte d'entrée.

« Bonjour, je voudrais voir vos perruques, s'il vous plaît. »

La personne qui m'accueille m'invite à me rendre au fond du salon en m'indiquant de la main un fauteuil. Quelle néophyte je fais ! Bien entendu, je pensais choisir directement sur la tête en plastique dans la vitrine. Que nenni, il faut l'essayer, apprécier son confort, sa tenue, son adéquation avec le visage.

La vendeuse me tire de mes pensées tandis que je déplorais mon niveau de connaissance médiocre dans le domaine de la perruque.

« Alors, dites-moi, quelles perruques aimeriez-vous essayer ? »

Je lui indique, à l'aide de descriptions hasardeuses, celles qui m'ont interpellée. J'attrape la première avec une maladresse bien visible. La vendeuse vient à ma rescousse en se chargeant de la positionner. Essayer une perruque ne s'improvise pas ! Quelle sensation étrange et grisante à la fois. Quelques instants suffisent à ce que je ne reconnaisse plus mon reflet. Je ris, un peu gênée, je me sens cruche de ne pas savoir comment réagir avec mon postiche sur la tête. Que de solennité dans le processus d'essayage ! Les mouvements de la vendeuse sont aériens, délicats lorsqu'elle déplace la coiffe de sa tête d'emprunt jusqu'à la mienne, levant les bras telle une cheffe d'orchestre pour la disposer au mieux sur mon crâne. J'ai l'impression d'être une reine à qui l'on passe ses nouvelles couronnes. C'est le tour d'une autre, puis d'une troisième. Je me prends au jeu à mesure que les modèles défilent. Une courte, une longue, une mi-longue. Cela fait plus de dix ans que je tente toutes les coiffures possibles ou presque et, en seulement dix minutes, je revis un condensé de ma longue expérience capillaire. J'éprouve une certaine fascination, je suis comme hypnotisée. Je me laisse transporter avec délectation dans mon passé : « Ah ! tiens celle-là me rappelle mes dix-sept ans. » « Oh ! c'est marrant je ressemble encore plus à ma mère avec celle-là. » Jusqu'à celle-ci. Une chevelure rousse, avec une frange, un carré qui arrive à l'exact niveau des mâchoires. Cette perruque me va comme un gant (si tant est qu'une perruque puisse aller comme un gant), elle est parfaite. C'est celle qu'il me faut, aucun doute possible. Mon choix est fait, mais je continue d'en essayer d'autres, amusée par ce nouveau type de shopping. J'avais déjà envisagé que, en cas de coupe ratée ou trop « difficile » à vivre au quotidien, je puisse m'acheter une perruque. D'accord, j'avais pensé à cette hypothèse, oui je l'avais dit, mais de l'idée à l'action, la marche est haute.

En effet, je suis allée si loin dans ma démarche de libération capillaire, mais porter une perruque comme on changerait de chemise m'a toujours paru invraisemblable, même à moi. (Pourtant, maintenant que j'y pense attentivement, pourquoi pas ? Rien ne m'en empêche, si ce n'est une affaire de normes sociétales, de qu'en-dira-t-on.) Alors que certaines femmes, notamment les femmes africaines, le font très régulièrement, pourquoi pas moi, pourquoi ne pourrais-je pas porter cette perruque ? Au détour d'une conversation, j'en ai d'ailleurs parlé avec un collègue marié à une femme d'origine sénégalaise : « Ah oui, les perruques, c'est sacré, elle adore, elle en a plus d'une dizaine. » J'avais moi-même pu faire cette constatation lorsque je voyais des collaboratrices au bureau avec des coupes de cheveux très différentes du jour au lendemain. Elles s'en servent comme d'un accessoire de mode au même titre qu'un collier, un sac ou autre. Elles aiment varier les plaisirs capillaires. Alors si cela est si simple pour elles (parce que c'est culturellement admis ? Parce que ce sont des habitudes ?), pourquoi pas pour moi ? Déjà pour commencer le temps d'une soirée. Il m'aura fallu attendre ce séminaire et une illumination devant une boutique pour que mes idées reçues tombent toutes les unes après les autres.

« C'est artificiel. La perruque manque d'authenticité » : voilà la première d'entre elles. À moins d'en acquérir une artisanale bien sûr, faite à partir de véritables cheveux tissés avec des matériaux nobles, délicats pour la peau, et qui vaut donc une fortune, les perruques me renvoyaient toutes à une image de faux, d'une texture rigide à la brillance factice, avec cette vilaine odeur de plastique aux antipodes de celle d'une chevelure naturelle. En fait, non, encore un préjugé tombé au champ de l'exploration capillaire. Bien entendu, le résultat ne pourra jamais paraître aussi réaliste qu'avec de véritables cheveux, mais cela donne agréablement le change. À condition toutefois que la couleur du postiche soit naturelle. Porter une tignasse toute grise à l'aube de mes trente ans n'est pas le plus crédible. Mais dans les tons bruns, roux, ou encore blonds, on pourrait presque croire, sans inspection à la loupe, qu'il s'agit de mes cheveux.

« C'est du poil à gratter » : allez, une de plus ! Qui n'a jamais essayé une perruque fantaisie, comme celles vendues dans les magasins de farces et attrapes, et généralement très bon marché ? Elle est, la plupart du temps d'une forme et d'une couleur improbables : une choucroute bleue, verte, rouge, ou pire de toutes les couleurs ; clownesque en un mot. Une horreur sans nom, qui vous chatouille puis vous gratouille en permanence, au point de vouloir l'arracher de votre tête sitôt la blague finie. Cela va bien cinq minutes, pour rigoler. Certes, je suis prête à faire des efforts pour respecter les consignes, mais certainement pas au point de me brûler le cuir chevelu pendant toute une soirée. C'est là encore une belle surprise. Le même essai un an auparavant n'aurait jamais fonctionné. Comme j'avais des cheveux, je n'avais pas encore l'ouverture d'esprit nécessaire et indispensable au port de la perruque. Je suis désormais toute disposée à me laisser surprendre. Ô miracle, je n'ai pas eu cette sensation urticante lorsque la coiffe est entrée en contact avec ma peau. C'était juste chaud, presque doux.

« Une perruque ne tient pas en place » : troisième préjugé. Au moindre coup de vent, *viouf*, elle s'envole. J'ai en tête cette image de films comiques, notamment à l'âge d'or du cinéma muet, dans lesquels un simple courant d'air fait s'envoler le toupet de ce monsieur entre deux âges. Le pauvre homme s'en trouve ridiculisé, voire humilié, d'avoir osé cacher sa calvitie. Mes convictions étaient forgées. D'autant que tous les crânes ne font pas la même circonférence. Comment une perruque standard peut-elle bien tenir sur ma tête ? Je m'y vois déjà, si je tourne la tête à droite brusquement à l'appel de mon prénom, la perruque, elle, restera à gauche, à la manière de la capuche du célèbre imperméable français ayant inspiré le sketch de Dany Boon[1].

Un monde de sophistication se révèle alors à moi. Ma perruque rousse est dotée d'un ingénieux système d'agrafes permettant un réglage de l'intérieur afin de l'ajuster à son tour de tête. Un peu à la manière d'un soutien-gorge. Formidable, je vais pouvoir papillonner sans contrainte toute la nuit durant, mais pour secouer ma tête au son des rythmes endiablés, je vais tout de même devoir attendre que mes propres cheveux repoussent. Tant pis pour les *headbangs*[2] pas forcément compatibles avec la perruque (ni avec le thème), si bien vissée sur le crâne soit-elle.

J'étais entrée dans cette boutique sans grandes convictions, pensant être confortée dans mon système de pensées : les perruques bon marché de la rue d'en bas n'étaient pas pour moi. J'ai eu tort. Avant d'essayer de nouveau celle

---

1. Sketch « Le K-way » de Dany Boon, dans lequel le comique critique l'invention de cet imperméable, notamment de sa capuche qui donne un air ridicule, est peu confortable et absolument pas pratique puisque trop rigide. Aussi, lorsqu'on tourne la tête pour regarder à gauche ou à droite, la capuche, elle, ne suit pas le mouvement. « La tête, elle, tourne, mais pas la capuche », *https://www.dailymotion.com/video/x1yaqx*
2. Violents mouvements de tête que les fans de rock métal se font une joie d'exécuter, en cadence, sur leurs musiques favorites, lors de concerts ou de soirées.

sur laquelle j'ai jeté mon dévolu, je m'inquiète de son prix. Que ce soit en vitrine ou une fois dans la boutique, je n'ai encore vu le tarif d'aucune chevelure.

— Et celle-ci, elle est à combien s'il vous plaît ?

— Alors, c'est un cheveu synthétique, elle est donc un peu moins chère. C'est 35 euros.

Excellente surprise ! 35 euros pour faire son effet, je trouve cela très raisonnable.

— Je vous la prends alors !

Ne serait-ce qu'une heure auparavant, je n'aurais même pas pu y penser, mais si, ça y est, je l'ai fait, j'ai acheté une perruque.

— Elle vous va très bien, excellent choix, me confirme la vendeuse.

Je la remercie et rentre guillerette, toute à ma précipitation de dévoiler à mon mari l'achat impulsif et incongru du jour. Je me plais à croire que je rentrais à cloche-pied, telle une gamine trop heureuse que l'école soit finie, tellement j'étais satisfaite de ma trouvaille. Mais la réalité devait être bien plus triviale. Je devais tout simplement marcher. Grosse déception une fois arrivée à la maison : Fred, lui, n'est pas encore rentré. Quel désespoir, je vais devoir attendre ! Vous ne le savez que trop bien désormais, j'en ai *horreur* !

Je prends donc mon mal en patience et me poste devant un miroir pour l'essayer de nouveau. Elle me renvoie aux souvenirs de ma dernière année d'étude, au cours de laquelle j'avais cette même coupe de cheveux, même longueur, même frange, sauf qu'il s'agissait bien de mes propres cheveux. Le père d'une de mes camarades de promo m'avait d'ailleurs surnommée Cléopâtre. Je n'avais pas craché sur ce sobriquet, il y en avait des plus désagréables, pas question de faire la fine bouche. Mes cheveux étaient plutôt foncés à l'époque, je pense donc que l'allusion provenait du film éponyme de 1963 avec la célèbre Elizabeth Taylor. Déjà dans ces années, porter une coupe de cheveux idoine à celle de quelqu'un d'autre suffisait à m'en faire le sosie. J'étais pourtant bien loin d'avoir les yeux de l'actrice. Mais, tout de même, on m'appelait Cléopâtre ! C'est la classe ! Ce souvenir est d'autant plus pertinent lorsqu'on connaît le rapport qu'elle entretenait avec ses cheveux. La grande reine d'Égypte n'était pas du tout gênée de se raser le crâne. Bien au contraire, elle s'adonnait à cette pratique, car elle estimait que ses perruques lui allaient bien mieux. En effet, dans l'Égypte antique, les perruques étaient des prérogatives royales ! Elle se faisait des gros *kifs* de changement de *tifs*, car, elle trouvait cela plus esthétique. Cela tombe bien car, avec ma nouvelle perruque, je compte bien être la reine de la soirée !

Je me regarde, rieuse et interloquée, d'avoir une fois de plus changé d'apparence aussi instantanément. Un an auparavant en un coup de tondeuse, et là avec une simple perruque. Je contiens difficilement mon enthousiasme, un bouillonnement intérieur, face à cette tête qui est pourtant la mienne sans l'être tout à fait. Je repose la perruque avec frustration de n'avoir pu encore la montrer. Je m'occupe tant bien que mal, mais je me morfonds surtout en attendant le retour de mon mari. Il ne le sait pas encore mais il s'apprête à retrouver Taz, le diable de Tasmanie des Looney Tunes.

« Chéri !!! J'ai acheté quelque chose. Attention, c'est une surprise, il faut que tu voies ça ! »

Ni une ni deux, je cours dans la chambre pour passer mon ersatz de capillaire. Tellement pressée que je peine à tout mettre en place, surtout la frange. J'y glisse les doigts pour y mettre de l'ordre du mieux possible et me rue dans le couloir.

« Où es-tu ? Ferme les yeux, j'arrive ! » avant de le rejoindre dans le salon. « Trois, deux, un ! »

Stupeurs et ahurissements. N'ayant pas eu l'occasion de lui faire part de mes réflexions puisqu'elles n'en étaient de toute façon pas arrivées à cet état avant que je ne passe devant cette vitrine, je prends le temps de tout lui expliquer :

— Je ne peux décemment aller à cet *event*, ce grand bal société avec une tête de petit kiwi. Pour une femme mondaine et chic des années 1920, ce n'est absolument pas crédible et encore moins acceptable, dis-je avec un accent bourgeois maladroit.

— C'est génial, me répond Fred, enthousiaste. Très fort, j'aime beaucoup. Chaque fois que tu changes de coupe, j'ai l'impression d'avoir une femme différente sans en changer, dix mariages dans une vie sans divorce, j'adore.

*

Inutile de tergiverser, c'est validé, mon accessoire fétiche pour aller à cette soirée sera ma nouvelle perruque. Comme les festivités se déroulent sur deux jours et demi, cela me laisse du temps pour faire connaissance avec tou.te.s les participant·e·s au cours des séances de travail, déjeuners et autres dîners avant ladite soirée lors de laquelle j'enfilerai mon postiche. Si certain·e·s de mes collègues et responsables hiérarchiques avaient eu le temps de s'habituer à ma dernière fantaisie capillaire, pour les autres que je n'ai encore jamais vu·e·s, ce sera le choc. Cela sera comme une grande première, ils s'apprêtent – sans le savoir – à rencontrer « la fille au crâne rasé ».

Nous y revoilà. Je suis désormais plus ou moins rompue à l'exercice de devoir affronter les questions et réactions variées. Même si mes interlocuteurs et interlocutrices ne les osent pas directement, les visages et leur expressivité les trahissent bien plus vite qu'ils ne le pensent.

C'est notamment le cas lors des déjeuners. Au moins, les langues se délient plus aisément. Alors quand je choisis la table à laquelle m'asseoir, j'ai droit à la même sempiternelle litanie :

— Ah ! C'est original ! *(Tiens donc !)*

— Eh bien ! Pourquoi as-tu fait ça ? *(Ah ! Le revoilà, lui.)*

— C'est courageux, mais n'empêche, cela te va bien. *(Il y a toujours un « mais » !)*

La routine habituelle quand je rencontre quelqu'un, quoi.

Le séminaire se poursuit bon train, jusqu'au samedi après-midi, où nous avons alors quartier libre avant de nous retrouver le soir venu. Je profite de cette aubaine pour m'extirper un temps de l'effervescence sociale de ce type de rassemblement. La soirée promet d'être intense, alors je prends une bonne bouffée d'air. Je me retire dans le calme de ma chambre pour me préparer avant de replonger, en apnée, dans les mondanités. Ma perruque et moi sommes prêtes à passer une excellente soirée.

Je quitte ma chambre et longe le couloir sur l'épaisse moquette. Seuls les centimètres gagnés sur ma taille peuvent laisser entendre que je porte des talons. J'appuie sur le bouton de l'ascenseur ; les portes s'ouvrent immédiatement et j'y entre. L'engin nous arrête déjà un étage plus bas pour accueillir un groupe de quatre personnes. Je les connais, nous étions dans le même groupe ce matin ! Je leur souris alors qu'ils passent, un à un, les portes. Aucune réaction de leur part. Certes, cela fait seulement vingt-quatre heures que nous nous côtoyons, mais à la vue de leurs tenues respectives, pas de doute possible. Ils papotent, évoquent la soirée. Les pronostics vont bon train sur le lieu et les surprises potentielles qui nous attendent.

Je ris sous cape. Ils ne me *reconnaissent vraiment pas.* Nous arrivons finalement dans le hall avec ce tintement si caractéristique des ascenseurs anciens. Je m'émerveille alors devant ce parterre de robes de soirée et de smokings tous aussi élégants les uns que les autres. Nous sommes replongé·e·s près de cent ans dans le passé. Je me dirige vers ce beau monde tout en souriant à celles et ceux que je connais bien, je déambule parmi eux, espérant un signe de leur part. Rien d'autre que l'accueil glacial réservé aux inconnu·e·s.

Plus je déambule, plus je me marre. Eh oui ! Il faut bien que je me donne un minimum de contenance alors que je cherche (désespérément) du regard une âme charitable qui me reconnaisse sans que j'aie besoin de prononcer un mot. Certes, ce soir je suis maquillée alors que je ne l'étais pas plus tôt dans la journée. J'ai également troqué ma paire de lunettes de vue à la monture écaillée contre une paire de lentilles de contact. Ma simple perruque suffirait-elle à me métamorphoser !

Je croise alors une première fois le regard d'un des fondateurs de mon entreprise en pleine discussion de groupe. Toujours rien : pourtant, lui me connaît depuis plus d'une journée ! Peu importe, je continue mon expérimentation improvisée. Je regarde à droite, à gauche, en haut, décidément quel magnifique plafond ! Et soit dit en passant, ce lustre et toutes ces pampilles sont MA-GNI-FIQUES ! Il est superbe, vraiment. Quant à la coursive d'escalier, quelle œuvre d'art ! Le regard de mon patron rencontre de nouveau le mien. Je lui souris tandis que j'observe son visage s'éclairer à mesure qu'il réalise : cette femme rousse, il l'a déjà vue quelque part.

— Aurélie ? ! demande-t-il d'une voix mêlée d'incertitude et d'étonnement. Il s'avance vers moi pour me saluer. Après une brève interruption, il reprend :

— Je n'avais pas réalisé que c'était toi, mais comment veux-tu ? Tu brouilles les pistes avec tes cheveux. Je m'y étais enfin fait à ta dernière coupe.

— Oui, j'ai bien vu que tu ne me reconnaissais pas, rétorqué-je dans un rire triomphal. C'est justement pour ne pas s'habituer, sinon ce n'est pas drôle. Après tout, ne sommes-nous pas consultant·e·s en gestion de projet et *conduite du changement* ? La preuve par l'exemple.

Nous échangeons encore quelques mots avant que chacun ne papillonne vers un autre groupe, en attendant que l'intégralité des convives soit au rendez-vous. Certains collègues masculins ont observé la scène avec mon supérieur. L'un d'entre eux me fait signe de les rejoindre.

— Mais je ne t'ai pas reconnue, me lance-t-il mi-agacé mi-amusé.

— Oui, je sais ! Je suis passée devant vous à plusieurs reprises et même pas un bonsoir de politesse.

— Justement, je me demandais qui était cette incruste. Depuis le début du séminaire, j'avais pris le temps de rencontrer tou.te.s les participant·e·s, et celle-là, je ne la remettais pas.

— Que veux-tu que je te réponde ? Travaille donc ta mémoire des visages ! répliqué-je sur le ton de la provocation.

Benoît est belge et se plaît à user de son sens de l'humour en toutes circonstances. Cette précision est importante, car il est fort possible d'être belge et de ne pas avoir d'humour, tout comme il est possible d'être français et d'en avoir. À bas les clichés ! Il me rétorque alors avec cet accent si caractéristique, roulant un peu les « r » et haussant le ton sur des mots méthodiquement choisis : « Ah oui, mais là, tu exagèrrres toi aussi. Perrrsonne n'a dit que le thème était soirée "Perrrruque et Paillettes", là, oh ! »

Je m'esclaffe, il marque un point pour la perrrruque. Eh oui, j'ai quelques strass sur mes escarpins, certes. Un partout, la balle au centre. Tous les invités finissent par arriver et la foule se met en fait en mouvement. Direction la soirée mystère.

Une fois sur place, personne ne pourrait décemment être déçu. L'endroit choisi pour accueillir les festivités correspond parfaitement au thème auquel nous avions été prié·e·s de nous conformer. Des serveurs et serveuses sont prêt·e·s à nous offrir une coupe de champagne tandis que d'autres organisateurs nous distribuent nos accessoires *must have*[1]. Boa à plumes rouges pour les dames, nœud pap' en simili soie pour les messieurs. Pourquoi les nœuds papillons devraient-ils être réservés aux hommes ? J'ai toujours adoré le principe de cet ornement. Après tout, les femmes aussi portent des chemises, pourquoi ne pas avoir le droit de les agrémenter par autre chose que des broches ou des colliers ? Hop, j'en glisse un dans ma pochette.

Que la fête commence !

Est-ce la proximité entre nous tous, plus grande que lorsque nous étions dans le hall de l'hôtel ; est-ce parce que les bulles de champagne commencent à monter à la

1. De l'anglais signifiant « indispensable ».

tête ? Ou bien encore parce que le mot a circulé depuis que certains fins observateurs ont levé le voile sur le mystère de l'inconnue rousse ? Mais je me retrouve subitement projetée dans un monde parallèle. Je revis mot pour mot, situation pour situation, ce que j'ai vécu dans les premières semaines de mon retour de vacances après m'être rasé la tête. Comble du comble, cette fois c'est parce que j'*ai* des cheveux.

— Ah ! Mais elle te va trop bien cette coupe, pourquoi tu as fait ça ? ! Te couper les cheveux si court ? !

— C'est fou, on s'était habitué à ta nouvelle coupe, j'avais appris à l'apprécier, mais maintenant que je te revois avec des cheveux, je te préfère comme ça !

— C'est dingue comme ça te change, cette coupe !

La présence de mes cheveux synthétiques révèle l'absence de mes vrais cheveux, ceux qui *devraient* être *là*.

— Bon alors, tu veux te couper les cheveux ou tu ne le veux pas ? Il faudrait savoir, on est perdu !

Ma coupe, feu mes cheveux et ma perruque deviennent, en cette soirée, l'unique raison pour laquelle on vient m'aborder. À tel point que beaucoup se prennent au jeu et me demandent de l'essayer, même ces messieurs, bluffés par le réalisme de la supercherie. Un objet de curiosité à moi seule, quelle chance. Je continue de passer d'une frivolité à une autre, jusqu'à cette conversation. Bien que je connaisse cet homme de vue, je n'ai jamais encore eu l'opportunité de m'entretenir avec lui.

— Je trouve ça extra que tu aies fait cela. Ma femme, il y a quelques années, s'était également coupé les cheveux très court. Pas autant que toi, mais tout de même. Auparavant, elle les portait très longs. Cela l'avait beaucoup marquée et fait réfléchir. Quelles étaient les motivations précises derrière ton geste ?

— Je n'en avais pas réellement, je veux dire, autre que mon envie. Rien de bien sorcier en fait.

— Parce que cela fait réfléchir, ce n'est pas anodin, c'est une forme d'art, de contestation, de protestation contre quelque chose.

— Oui, peut-être. On m'a déjà demandé par exemple s'il s'agissait de soutenir les personnes atteintes du cancer, par un don de cheveux par exemple. Mais, malheureusement non, je n'y avais pas pensé sur l'instant, ce n'était pas un geste aussi beau et altruiste.

J'ai apprécié cette conversation, loin d'être aussi superficielle que toutes les précédentes, que ce soit au cours de cette soirée ou partout ailleurs. Oui, il m'avait interrogée sur les motivations de mon acte, mais cette fois c'était différent. Il ne s'est pas contenté d'un trop facile *pourquoi,* n'a pas cherché à faire valoir sa vérité afin qu'elle supplante la mienne. Il s'est interrogé de façon authentique sur les motivations profondes qui ont pu pousser une personne dans la trentaine, socialement et professionnellement intégrée, à vouloir, peut-être un peu malgré elle, choquer, questionner, déranger l'ordre établi.

À l'aune de cette introspection, je mesure cependant l'erreur que j'ai commise. En effet, j'ai associé une femme à l'attribut qui devait être le sien : les cheveux. Ma manière de concevoir ma tenue pour cette soirée n'était en rien différente de ce que je déplore : on se laisse trop souvent dicter nos actes et notre conduite par des schémas de pensée historiques, culturels ou encore des traditions. Moi la première, j'ai sauté à pieds joints dans la bêtise : « Je ne peux pas être une femme des années 1920 et avoir le crâne rasé. » Ah bon ? J'ai abondé dans le sens contraire de ce en quoi je crois désormais. Pour ma défense (après tout, je me repens ici avec vous ; je ne vais pas trop m'accabler non plus), les années 1920 constituent une période révolue. Je suis donc partie du principe que les femmes ne se rasaient pas le crâne à l'époque. Certes, elles ne le faisaient pas. Pour autant, elles ont commencé à faire ce qui devait être tout aussi choquant. En effet, à partir de ces années, les femmes se sont coupé les cheveux court, très court ; les coupes « à la garçonne » sont nées. Nous y revoilà, « court » égale garçon, « long » équivaut à fille. Eh oui, déjà un vent de liberté soufflait dans leurs cheveux, tant et si bien qu'elles les ont coupés. Cela devait bien être aussi scandaleux pour la période. Les vêtements changent avec des jupes plus courtes, et surtout les pantalons débarquent dans les armoires. Les femmes dansent de plus en plus, et pas sur n'importe quelle musique, du charleston qui plus est ! Celle que les plus puritains de l'époque et tous ceux et toutes celles qui détestent cette musique qualifient de « musique de fou », le jazz, « cette musique de Noirs ». Mais, par-dessus tout, le bouquet, le pompon, elles osent se faire couper les cheveux ! Les jupes comme les cheveux se raccourcissent. En définitive, ma boule à zéro du XXIe siècle correspondait à leurs coupes courtes du XXe siècle. J'aurais pu être la première dame des années vingt assumant son côté très subversif, quoi qu'en disent les autres invités. Non, au lieu de cela, je suis retombée dans mes travers d'avoir des cheveux pour coller à un archétype préconçu, à ce que je pensais qu'une femme devait être, aujourd'hui comme hier.

Quelle honte : même après toutes mes péripéties et facéties, je me suis fait avoir !

ALIÉNATION CAPILLAIRE

Deux femmes papotent non loin de moi alors que je suis dans les vestiaires de ma salle de sport, en train de me rhabiller. Curieuse mais discrète, je tends l'oreille.

— Viens, on va se faire un hammam !

— Ah non merci ! pour moi ce ne sera que sauna.

— Pourquoi donc, tu n'aimes pas le hammam ?

— Oh si ! j'aime bien, mais avec l'humidité, si j'y vais, je devrais me laver les cheveux et me refaire un brushing.

— C'est stratégique en fait ? lui répond alors son amie en riant.

— Oui, dit l'autre femme, enjouée.

Absurdité ? Oppression capillaire ? Bien sûr, évidemment. Comportement excessif ? Peut-être, mais qui sommes-nous pour juger ? Surtout lorsqu'il nous est arrivé nous-mêmes de penser de la même façon. J'ai appartenu à ce clan.

Lorsque j'ai commencé ma carrière professionnelle de jeune cadre dynamique pleine d'espoirs, le sport entre midi et deux commençait à se populariser ailleurs qu'en Île-de-France. L'idée avait fini par faire son chemin parmi les hautes sphères des entreprises que des salariés en pleine forme étaient des salariés bien plus productifs et fidèles.

Un axe de performance aussi puissant et peu coûteux ne pouvait rester lettre morte, même auprès des patrons les plus conservateurs. J'étais à cette période en Normandie, en contrat d'apprentissage dans le cadre de mes études supérieures. J'occupais le poste de chargée de communication interne sur un site de production d'un grand groupe pharmaceutique. Il n'était plus question d'un job étudiant, ça devenait sérieux, je ne pouvais pas me permettre d'arriver en jeans baskets, tenue beaucoup plus adaptée à mes précédents postes : cariste, hôtesse de caisse ou cueilleuse de fruits et légumes en plein champ. Désormais, travaillant dans le bureau qui donnait en face de celui du directeur de site, je devais être tirée à quatre épingles : maquillée, coiffée d'un carré bien peigné, brushing refait tous les deux jours, une tenue quotidienne choisie avec soin. Rien n'était laissé au hasard. Pression vestimentaire et comportementale poussée à son paroxysme pour mes débuts dans le grand bain sans brassards.

Après plusieurs mois sur place et ayant fini par prendre mes marques, je notais que ma responsable se rendait, lors de sa pause-déjeuner, à sa séance bihebdomadaire de sport. Cela me paraissait inconcevable. Il est quand même question de transpirer puis de reprendre, comme si de rien n'était, le cours de sa vie dans l'après-midi.

Je l'ai assaillie de toutes les questions d'organisation pratique qui m'empêchaient, ne serait-ce que d'hypothétiquement concevoir la possibilité probable et potentielle de pratiquer une activité sportive le midi. Revenir dégoulinante, déconfite, décoiffée, dans un état de décomposition avancée (en tout cas, c'est ainsi que je me perçois après une séance d'efforts physiques soutenus) pour terminer ma journée de labeur, sans plus aucune énergie, était tout bonnement inenvisageable. Très tôt le matin avant le travail, pourquoi pas, si j'arrivais à me réveiller avec plus de vigueur qu'un zombie après une chasse aux humains. Après le travail, cela restait possible, bien qu'à l'époque mes priorités consistassent plutôt à profiter de la soirée autour d'un verre entre amis ou *a contrario* à m'affaler dans mon canapé. L'option la plus compatible avec mon mode de vie était donc la dernière : pendant le travail, entre midi et deux. Pourtant, cette solution ne faisait pas partie de mon vocabulaire. Impossible de la considérer comme telle. Comment aurais-je fait avec mes cheveux ? J'ai commencé par un autre sujet, encore plus important et vital.

Comment fais-tu pour déjeuner ? Impossible pour moi de sauter un repas, surtout après le sport !

Simplicité enfantine

— C'est facile, le restaurant d'entreprise propose des sandwichs. Tu le prends avant d'aller au sport (N.d.A : la professeure de fitness se déplaçait afin que le cours se déroulât dans un bâtiment du site, soit à environ cinq minutes à pied de mon bureau, bifurcation sandwich incluse. Absence totale d'excuse). Tu le manges au retour à ton bureau.

J'entends bien.

— Comment fais-tu après le sport ? Je m'explique : désolée d'en venir à des considérations aussi intimes et pragmatiques. Je ne veux pas savoir ce qu'il en est pour toi, mais je transpire à grosses gouttes lorsque je fais du sport. Je ne me vois pas me rhabiller sans avoir pris de douche. Je ne supporterais pas de m'essuyer uniquement à la serviette ou, pire encore pour ma conscience écologique, d'utiliser des lingettes (je voyais déjà le désastre écologique que sont les lingettes jetables).

Évidence

— Eh bien, il y a deux douches dans la salle où la séance a lieu. Je sais, c'est étonnant. Mais sur les sites pharmaceutiques, il est très courant d'avoir des douches dans tous les bâtiments. Cette salle ne fait plus partie des zones de production, son utilisation est réservée depuis plusieurs années au comité d'entreprise. L'espace des vestiaires existait déjà, ce qui a d'autant plus facilité la proposition du comité d'entreprise de nous permettre de faire du sport. Seules des femmes sont inscrites, cela ne pose donc aucun problème. Certes, il faut se dépêcher afin que chacune ait le temps pour une douche express, mais tout se fait en bonne intelligence.

La question fatidique, celle qui a longtemps hanté mes nuits, finit par tomber. Tous ces arguments étaient, jusqu'à présent, tout à fait incontestables, mais encore insuffisants pour me convaincre. Pas tant que je ne savais pas comment elle faisait.

— Et tes cheveux ? hurlé-je telle une aliénée. Si tu les laves, il faut nécessairement les sécher. Au-delà du temps que cela nécessite, je doute que les vestiaires soient équipés de sèche-cheveux. Auquel cas, je ne me vois pas trimbaler le mien dans mon sac de sport. Or si tu ne les laves pas, comment fais-tu ensuite pour terminer la journée avec les cheveux qui bavent de sueur ?

Lapidaire

Une réponse sans appel, pragmatique, celle de la maturité incarnée.

— Eh bien tant pis !

— Tant pis ! Comment ça tant pis ? Ce n'est pas aussi simple, comme je te le disais quelques minutes plus tôt, j'ai la transpiration abondante. Pendant l'effort, et ce quelle que soit la discipline, je dégouline et mes cheveux absorbent tout ce qu'ils peuvent contenir d'humidité. Je DOIS me laver les cheveux après ces exercices, et le lavage induit obligatoirement le séchage, crié-je à moitié sur elle, insistant malgré moi sur la domination qu'exerçait le sèche-cheveux sur ma vie.

En vacances ou en week-end, je vérifiais au préalable que chaque hôtel, chaque *bed & breakfast* dans lequel je me rendais en était bien pourvu. Et pas seulement en vérifiant leur site Internet, non, en les appelant personnellement ! Si ce n'était pas le cas, j'en changeais. Tout ça pour un sèche-cheveux, oui.

— Je me les lave également après le sport habituellement mais là encore, tant pis, il va falloir apprendre à faire sans. D'autant qu'à cause de la sueur mes cheveux bouclent, alors que je déteste ça. Tu as certainement pu remarquer que je les lisse tous les jours. Je suis par ailleurs rouge pivoine tout l'après-midi après le sport. Malgré ces désagréments, j'y vais, c'est suffisamment libératoire par ailleurs. Ça n'a lieu que deux fois par semaine, ce n'est donc que pour deux après-midi.

— Et le maquillage alors ? n'ai-je m'empêcher d'ajouter.

Praticité

— Soit tu mets du waterproof, soit tu te démaquilles avant le sport puis tu te remaquilles après si tu ne peux pas t'en passer. Ou encore tu mets le minimum de façon que cela coule le moins possible et que tu puisses passer le reste de l'après-midi ainsi.

Venir au travail sans un minimum de maquillage ? Pardon, ai-je bien compris ? Difficile pour moi de retirer mon masque de confiance, celui qui m'aidait à paraître plus mature et donc plus crédible. Abandonner ces artifices qui m'offraient un semblant d'assurance nécessaire pour faire bonne figure en réunion, surtout lorsque je me retrouvais en face de directeurs de département de vingt ans mes aînés, dans un monde industriel plutôt machiste ? Malgré la bonne humeur et la forme que m'apporterait cette heure de fitness, je n'allais tout de même pas faire l'impasse sur mon apparence pour le reste de la journée. Hors de question de ressembler à une vieille peinture à l'huile, décrépite et passée au white-spirit. C'était au-delà de mes forces.

Il faut « laisser le temps au temps [...] et renaître au soleil levant » comme diraient nos amis Félix Gray et Didier Barbelivien[1]. Cet après-midi-là, ma responsable revint de sa séance. Je l'observais et ne vis ni ses cheveux revenus à leurs boucles naturelles, ni son teint écarlate.

1. « Il faut laisser le temps au temps » est une chanson de Félix Gray et Didier Barbelivien sortie en 1990. La majorité des phrases commençant d'ailleurs par « il faut laisser le temps au temps ».

Je regardais une femme souriante, radieuse, bien dans son époque et ses baskets. Une femme épanouie qui parvenait à conjuguer les responsabilités de son poste avec sa vie de femme et de mère. Elle se préservait un moment vital à son équilibre malgré tous ses autres engagements. Par contraste, je me sentis toute petite, bête, du haut de ma fraîche vingtaine, de me priver de cette opportunité d'apprivoiser au mieux le stress de mon nouveau job, en ayant tout à disposition, à des tarifs plus qu'accessibles puisqu'en majeure partie financés par le comité d'entreprise justement. Tout cela à cause de raisons esthétiques, pour le paraître. Elle revint du sport une fois, puis deux fois, puis une troisième. Plus elle en revenait, plus j'avais envie, moi aussi, d'aller suer. Je l'avoue bien volontiers, l'idée de faire du sport avec des collègues que j'allais donc côtoyer dans un tout autre contexte n'était pas sans incidence sur ma réticence à rejoindre le groupe. J'avais fini par prendre mon sac, alors j'arriverais bien à régler cette énième réticence.

Solutions activées

J'attachais mes cheveux pendant la séance de sport, je m'épongeais très régulièrement le visage et les cheveux lors des pauses hydratation afin d'enclencher le plan « Rétention sudoripare ». Une fois sous la douche, je ne me mouillais ni les cheveux ni le visage – merci mon plan d'anticipation. J'adaptais mon maquillage, devenu le plus léger possible, et allez, roulez jeunesse ! J'avais gagné, je faisais du sport pendant ma pause-déjeuner !

Oui, certains après-midi, j'avais la tête en vrac et j'étais loin de me sentir au top de ma forme esthétique. « Tant pis », pour reprendre les termes de ma cheffe. J'avais fait du sport et cela me faisait un bien fou de dépasser le désagrément de mon apparence pour les quelques heures restantes de la journée.

Toute cette privation…

Tout ce fardeau intérieur inutile.

Pour des cheveux ! ? !

Oui, j'avais passé un cap. Le sport au travail avait l'avantage non négligeable d'éliminer toute contrainte de déplacement pouvant engendrer une trop grande organisation personnelle, et par là même, une perte de motivation. Dans le même temps, j'étais parvenue à faire tomber quelques-unes de mes barrières et pas des moindres, que de progrès ! Plus je tenais ma résolution sportive, et plus cela m'apparaissait comme limpide, comme une évidence trop bien cachée pendant tout ce temps : le sport à midi est, en définitive, si pratique. Pas de risque de se laisser happer par son canapé si on a le malheur de s'y asseoir une fois de retour à la maison. Vous savez, ce terrible trou noir qui vous aspire, vous empêchant alors d'honorer votre engagement envers vous-même ! Plus besoin de se tracasser, il n'y avait pas d'échappatoire possible le midi au travail (hormis la réunion surprise, mais celle-ci est rarement de votre fait et en général vous regrettez le sport à cet instant). Nombre de mes connaissances professionnelles avaient théorisé bien avant moi les avantages d'une telle pratique. Certains allaient courir tandis que d'autres avaient opté pour la natation, mais toujours en groupe afin de garder la motivation intacte. C'est l'option pour laquelle s'était décidé ce collègue et néanmoins ami qui — je l'ignorais encore — allait devenir mon mari (oui, le lieu de travail reste incontestablement le premier lieu de formation des couples).

La piscine ne se trouvait qu'à quelques encablures des bureaux. Je me remémore ma légère honte lorsque je perçus l'incongruité de la question dans son regard : « Et comment fais-tu pour tes cheveux ? » Rappelons qu'il s'agissait d'une interrogation tout à fait légitime, fondamentale et même évidente pour moi, jeune femme aux cheveux mi-longs soucieuse de son paraître capillaire. Pour un homme aux cheveux courts dont l'apparence était le cadet de ses soucis, je pus rapidement conclure que cette préoccupation était improbable, voire complètement ésotérique. Si je suivais les tendances, lui trébuchait dessus.

— Comment ça, comment je fais pour mes cheveux ?

Les hommes viennent de Mars, les femmes de Vénus.

— Oui, tu dois bien revenir avec les cheveux mouillés de la piscine ? Au printemps, il ne fait plus trop froid donc pas de problème, je pense que tu te fiches de ton brushing comme de l'an quarante, mais en hiver ?

— Bah, je mets un bonnet pourquoi ? dans un haussement d'épaules.

*

Lumière crue sur les blessures de mon enfance.

Même si je doute que beaucoup de garçons y aient été confrontés, je n'ai aucun doute en ce qui concerne les petites filles. Comme moi, vous avez sûrement dû entendre une autre femme de votre entourage – une mère, une sœur, une tante ou encore même le plus souvent une mamie – qui vous exhortait à ne jamais, ô grand jamais, dormir et encore moins sortir avec les cheveux mouillés, sous peine de sanctions immédiates. La sentence ne se serait pas fait attendre. « Tu vas attraper froid, la crève, la mort, du mal, de la fièvre ! » que sais-je encore. Conditionnée depuis mon plus jeune âge par ce précepte éducatif scrupuleusement respecté sous peine d'une vilaine dérouillée en plus de ladite crève, j'avais encore du mal, à plus de vingt ans, à juger raisonnable la natation à midi. Surtout en sachant que je ne pourrais me sécher les cheveux correctement. Trop piètre nageuse pour arriver à garder la tête hors de l'eau sans donner l'image d'un ver de terre frétillant, j'aurais alors dû les laver puis les sécher. Et ce n'était pas avec le souffleur d'air tiédasse généralement installé dans les piscines publiques, celui que l'on nomme de façon tout à fait inappropriée « sèche-cheveux », que j'allais m'en sortir. J'aurais été tout aussi efficace à souffler moi-même dessus. En conséquence de quoi, même si j'avais pu être tentée d'accompagner ponctuellement les collègues nageurs, dont un en particulier (qu'est-ce que l'on ne fait pas comme folie par amour), il était, par ailleurs, hors de question que je me rende à la piscine entre midi et deux.

Le plus grand traumatisme des petits et grands bassins réunis ne réside pas simplement dans le sèche-cheveux, mais bien plus dans l'utilisation de cette saloperie de bonnet de bain ! Ce truc rigide, puant trop fort le plastique, si collant que seuls des kilos de poudre talquée permettaient de l'utiliser. Celui qui, lorsqu'on porte les cheveux longs, devenait synonyme d'enfer : il fallait attacher la masse capillaire au plus serré, faire une espèce de boudin pour faire entrer tant bien que mal tout ce volume dans la bouche du diable, entrer dans la file d'attente avec toutes celles qui avaient le même problème que moi (à savoir juste des cheveux longs) pour que la maîtresse d'école ou l'accompagnatrice scolaire vous aide à l'enfiler. Pas évident en primaire de se dépatouiller avec ce boudin en toute autonomie. Et alors que vous attendiez votre tour, vous priiez pour que l'opération réussisse du premier coup sous peine d'y laisser des plumes, enfin des cheveux, tirés, arrachés, perdus pour la cause lors du fastidieux processus. Les petits gars, eux, patientaient déjà depuis dix minutes à côté des bassins. Et on avait le culot de vous demander de vous presser sous peine de mettre en retard le groupe tout entier !

Une fois l'affaire enfin faite, vous constatiez avec désespoir dans le miroir des vestiaires que votre queue-de-cheval s'était muée en une énorme patatoïde brillante qui coiffait désormais votre petit crâne d'enfant. Et je ne parle pas des traces rouges qui recouvraient le front et tout le pourtour de la tête au retrait de la capote de bain, toujours trop serrée. D'autant qu'elle ne servait que piètrement son dessein de préserver les cheveux du contact avec l'eau puisqu'elle remontait inexorablement pendant l'heure de natation. Par conséquent, c'étaient quatre à six bons centimètres de cheveux de la base du crâne qui finissaient mouillés malgré tous ces efforts de protection. Dans le peu de temps dont nous disposions pour nous changer, il fallait encore trouver trente secondes pour tenter de les sécher. À quoi bon porter cet instrument de torture pour en arriver là ? Et dire que j'espérais toujours avoir le droit de me couper les cheveux un beau jour. Soupir.

Jamais.

Jamais je n'irai à la piscine entre midi et deux.

Ja-mais

Entre-temps, j'ai quitté ma Normandie d'adoption et le fitness du midi pour rejoindre Paris. Autre ville, autre job, j'exerce désormais celui de consultante en gestion de projet. Figurez-vous que la personne pour qui je travaille a pris pour habitude de laisser dans son bureau un sac contenant ses affaires de natation, pour, dès qu'une opportunité – souvent trop rare – pointe le bout de son nez, aller se défouler en parcourant ses kilomètres de nage.

Un obstacle majeur de mon trauma piscine a maintenant disparu : je n'ai plus de cheveux ! Il ne me reste plus qu'à mieux appréhender la question du maquillage. Mon style de nage est toujours aussi hasardeux pour maintenir mon visage au sec (et la probabilité pour qu'il le reste dans une piscine où les gens brassent de l'eau autour de vous est assez mince, soyons réalistes). Sans trop y réfléchir, un jour où ma cliente avait planifié (ras le bol d'attendre des opportunités qui vous posent des lapins) de se rendre le lendemain à la piscine, j'ai émis le souhait de l'accompagner. D'ailleurs, j'y suis retournée à plusieurs reprises, seule.

Jamais.

Jamais je n'irai à la piscine entre midi et deux.

JA-MAIS.

J'ai donc fini par aller à la piscine sur mon temps de pause-déjeuner. Comble du rocambolesque : devoir me conformer au port du bonnet malgré ma quasi-absence de poils sur le caillou. Dieu merci, les fabricants ont dû recevoir des plaintes depuis les années 1990, puisque le confort et la praticité d'utilisation semblent maintenant faire partie intégrante de leur cahier des charges. Et même si je n'en ai plus de disponibles pour cela, plus besoin de m'arracher les cheveux pour l'enfiler.

Ce midi-là, après mes quelques longueurs et le passage en cabine, alors que je me dirige vers la sortie, je vois les fameux sèche-cheveux. Ceux que je n'ai pas eu à repérer au préalable car je n'en ai plus besoin ! Summum du luxe : cette piscine municipale fournit à ses courageux nageurs de *vrais* sèche-cheveux, et non ces espèces de monstres éléphantesques qui donnaient l'impression de manipuler un aspirateur pour dépoussiérer les tapis plutôt que de se sécher la tignasse. Je ne peux m'empêcher de ricaner. Oui, après toutes ces années, tandis que je me prépare à retourner à ma mission aussi facilement et promptement que je suis arrivée, je me sens triomphante en passant, sans en avoir besoin, devant les petits appareils. Je m'imagine dans mon film : je me tiens victorieuse au-dessus d'une colline, avec une musique martiale en bande sonore pour appuyer la dramaturgie. Je me vois comme la Marianne Liberté guidant le peuple ! Adieu les autobrimades et bonjour le sport à midi, plus besoin de brushing ni de ravalement de façade pour aller travailler. Tout est devenu simple, essentiel, évident, sensé. Ma vie de femme sociale ne passe plus nécessairement par tout ce temps employé à soigner une apparence, comme le voudrait encore et toujours cette même foutue norme établie. Après tout, ces messieurs doivent-ils en faire autant pour aller au travail : maquillage ? Non. Talons aiguilles ? Non plus. Jupe ? Même pas en Écosse. Non, un costume, éventuellement une cravate, mais rien de plus. Même plus forcément de rasage au quotidien, trop irritant et tout aussi inutile. Mon temps est aussi précieux que celui de n'importe qui d'autre pour cesser séance tenante de l'employer à faire bonne figure. Je quitte la piscine d'un pas, certes fatigué par la natation et pourtant si léger, pour m'en retourner à mon bureau, sans me préoccuper outre mesure de mes cheveux. Mon brushing tient toujours très bien la route, même avec le vent en pleine face. L'autre atout dont je dispose pour illuminer mon visage n'est ni le fond de teint, ni le fard à joues ou à paupières, encore moins le mascara, mais bien mon sourire de contentement. Une belle rangée de dents montant haut jusqu'aux oreilles. Une chevelure bien mise et un maquillage adapté aux différentes situations professionnelles m'avaient auparavant donné confiance dans la vie. Ma tête tondue en a fait bien plus pour mon estime que n'importe quel brushing ou nouvelle coupe. Parce que j'avais fait ce *choix.* Cinq lettres qui ont fait toute la différence.

« Comment as-tu fait ? Je n'aurais jamais pu ! » Tout simplement parce que j'ai voulu le faire, j'ai *choisi.* Alors une fois que je le veux, je le fais aussi naturellement que de m'hydrater quand j'ai soif. Plus que jamais, je me sens audacieuse, déterminée, libre.

MON CRÂNE À L'INTERNATIONAL

Depuis le jour où j'ai commencé à apprendre des langues étrangères, j'ai fait des pieds et des mains auprès de mes parents pour que je puisse participer aux programmes d'échange. Certes, je voulais pratiquer mes acquis mais, soyons sérieux un instant, j'avais surtout envie de quitter la maison et de bourlinguer. Cela a commencé au collège avec ma correspondante allemande et cela s'est poursuivi avec l'option « classe européenne » au lycée pour parfaire mon anglais avec une correspondante danoise (si vous pensez cela illogique, plaignez-vous auprès de la direction de mon lycée de l'époque). Avant d'entrer en école de commerce, j'ai développé mon amour pour les langues avec une licence en langues étrangères appliquées. J'appartiens à cette génération née avec l'Europe, débordant d'envie de transformer l'étranger en un voisin familier, soit en parlant sa langue soit, à défaut, en parlant une langue commune. Voyager, être ouverte et sensibilisée aux différences culturelles sont devenus des actes indissociables de ma vie personnelle et professionnelle. Parler anglais m'a donc ouvert de nombreuses perspectives de mission à l'étranger, notamment pendant ma période aux cheveux rasés.

En moins d'un an, j'ai eu l'opportunité unique de me rendre sur trois continents. Pour commencer, je m'envole juste à côté, en Irlande. En effet, pour mes dossiers quotidiens, j'interagis avec des collaborateurs des bureaux de Dublin. Je m'y rends donc souvent pour animer des sessions de travail. Mais depuis que j'avais appris à jouer de la tondeuse, je n'y étais pas encore retournée. Impossible pour eux de deviner un quelconque changement depuis nos dernières entrevues. Je suis aussi impatiente de les retrouver ce jour-là que je l'étais lors de mon retour au bureau à Paris après mes vacances d'été. Mon impétuosité est une fois de plus teintée d'une pointe d'appréhension. Mais je n'ai pas eu besoin d'attendre de revoir mes clients irlandais pour vivre ce qui reste mon souvenir gaélique le plus mémorable : mon arrivée à l'aéroport.

Comme à chaque débarquement, je dois me présenter au poste de contrôle aux frontières. Ce passage constitue toujours un moment particulier. L'ambiance y est stricte, solennelle. Pas de blague, pas de vague. Alors, lorsque mon tour arrive et que je tends mon passeport à l'agent de police derrière sa vitre, mon visage se referme, devient plus neutre, avec tout juste un léger sourire de courtoisie lorsque je le salue. Il s'agit de mon premier contrôle post-coupe réglementaire.

Je n'ai pas vraiment anticipé cet aspect du changement, je l'ai même complètement occulté. Et heureusement du reste, car si j'avais dû renouveler mes papiers d'identité à chaque nouvelle excentricité capillaire, j'aurais fini par engorger les services administratifs rien qu'avec mon seul dossier. Toutes ces questions auxquelles je n'avais pas réfléchi me submergent brusquement, mille d'un coup. (Non, je n'exagère que très peu. Rendez-vous compte à quel point la situation est *stressante* !) D'accord, je le concède, seule une dizaine de questions me submerge.

Tout d'abord, que va bien pouvoir dire le policier ?

Cela risque-t-il de poser problème et si oui, le(s) quel(s) ?

Serais-je reconnue et si non, que va-t-il bien pouvoir se passer ?

Va-t-il m'emmener dans une petite pièce pour me retenir tant qu'il n'a pas contacté les services de police français ?

Va-t-il penser que je suis une fugitive tentant de brouiller les pistes après avoir commis un crime affreux dans mon pays ?

Non, raté !

Le policier regarde mon passeport, relève le nez vers moi, me dévisage dans un temps qui me paraît littéralement une éternité, puis se concentre une seconde fois sur mon passeport. Depuis la ligne jaune derrière laquelle je suis priée de rester, je tente de dissimuler la panique qui me gagne à l'aide d'un rictus nerveux légèrement crispé. En effet, la photo de mon justificatif d'identité est aux antipodes du visage que regarde le policier en cet instant. J'avais fait faire mon passeport peu de temps après mon mariage afin de pouvoir passer notre lune de miel dans une destination lointaine. Je m'étais laissée pousser les cheveux pour qu'ils soient le plus long possible afin de faire la plus belle des coiffures relevées (voyez le conditionnement délirant autour du mariage de princesse aux cheveux longs ? Je n'ai pas fait exception, mais ici, j'écris mon absolution !). Le policier voit donc mon visage en très gros plan, entouré de cheveux châtain clair méchés de blond. Le cadrage très rapproché dû à la réglementation[1] en vigueur depuis 2005 pour la prise des clichés officiels a encore plus accentué cet effet : il y a du cheveu sur 50 % de la surface de l'image et, par effet de contraste, en face de lui, quasiment plus aucun.

Après plusieurs allées et venues entre ma trombine et la photographie, le policier achève son inspection et me lance cette phrase : « Sacré changement dis donc ! », avec en prime, ce qui pourrait s'apparenter à un sourire. Entre la retombée du stress et l'accent irlandais, ma foi pas des plus faciles à décrypter, je ne suis pas sûre d'avoir bien compris. Ce policier m'a-t-il *parlé* après un contrôle ? Je suis d'habitude l'unique personne à prendre la parole pour le « bonjour », « merci », « au revoir », auquel je ne reçois que mon écho en guise de réponse. C'est un jour à

1. Norme ISO/IEC 19794-5.

marquer d'une pierre blanche. Le crâne ras parviendrait-il à dérider le plus zélé et sérieux des policiers ?

La suite de mon déplacement se poursuit sans plus de faits notables. Mon chauffeur de taxi est, comme à chacune de mes visites sur le territoire, ouvert et affable. J'arrive à l'hôtel pour y déposer mes bagages avant de rejoindre le bureau. Là aussi, le même rituel qu'à mes autres venues, je présente mes papiers et ma carte de paiement afin de m'enregistrer. Aucun regard appuyé sur ma tête, ni aucun mouvement de recul inconscient qui trahirait instantanément son auteur. Rien d'autre qu'une arrivée des plus triviales, comme j'aurais dû le vivre partout où je me rendais même depuis mon rafraîchissement estival. C'est tellement plus agréable d'être considérée normalement. Je n'aime pas employer ce terme, mais je n'en trouve aucun autre qui parvienne à exprimer ce sentiment d'être accueillie comme tout le monde ou plutôt comme n'importe qui, quelle que soit son apparence. Un accueil conforme aux standards du tourisme ou de la politesse, courtois sans distinction de genre, de couleur de peau ou d'une quelconque particularité physique. Allez, ce n'est pas tout, mais il faut que j'aille travailler !

Une fois à l'accueil des bureaux, je fais prévenir mes clients irlandais.

— Oh mon Dieu ! qu'est-ce que tu as fait à tes cheveux ? me salue, surpris et rieur, le responsable de service.

L'Irlandais est plein d'humour, taquin, tout en étant fervent catholique et conservateur. Mais forte de mes expériences avec les collègues français et connaissant leur goût pour la plaisanterie, j'ai, cette fois, prévu ma repartie. *Enfin !*

— Je voulais ressembler à ta compatriote Sinéad.

Il éclate de rire. Cette réplique est d'autant plus appropriée lorsqu'on sait que cet homme et Sinéad partagent le même patronyme, à savoir O'Connor. Une impression de « déjà-vu » se produit au rendez-vous suivant : nous nous saluons, échangeons quelques bons mots, et puis tout à fait naturellement, nous nous mettons au travail.

À Paris, j'ai connu l'effarement, les gestes grandiloquents, les questions pleines de reproches ou de jugements.

À Dublin, rien de tout cela. De la surprise, quelques blagues, puis une éventuelle moquerie déguisée sous une boutade pour tout de même me faire comprendre que j'ai fait « fort », puis le sujet est clos. Et ce, sans avoir besoin de partir en croisade.

Mon séjour se poursuit, mes réunions s'enchaînent, et je finis par croiser deux collaboratrices, desquelles j'étais devenue plus proche grâce à mes nombreuses missions au pays de la Guinness.

— Ah ! C'est excellent, c'est génial. Pour l'une, Française.

— Mais non Aurélie, qu'est-ce que tu as fait à tes beaux cheveux. Oh non ! Tes beaux cheveux, pourquoi ? Pour l'autre, Tunisienne.

Les avis divergent drastiquement. Voilà qui me renvoie à mon habitude d'être confrontée depuis le début de mon nouveau style capillaire à des avis francs et directs qui ne s'embarrassent pas de quoi que ce soit. Qu'ils ou qu'elles aiment, ou non, qu'ils ou qu'elles approuvent, ou non, ils et elles doivent me le faire savoir.

Dublin est une ville extrêmement cosmopolite et lorsque je sortais pour me balader, m'acheter mes repas, je n'ai jamais subi aucune remarque intrusive sur mon apparence. Je me suis toujours sentie une personne comme une autre – d'autant que je n'y ai jamais vécu de situation de harcèlement de rue, avec ou sans cheveux. Je m'étais rapidement rendu compte de la différence de traitement entre les deux capitales. Quel rafraîchissement de se sentir *lambda* parmi les autres *lambda*. Tout simplement parce que j'étais la quidam par excellence, et les cheveux ne devaient rien changer à cette perception. Je revenais à mon anonymat, à ma condition de femme ordinaire. Quelle ironie dans ce pays où une femme pouvait manifestement se raser le crâne sans être pointée du doigt, mais dans lequel la possibilité d'avorter lui était encore refusée[1].

1. L'avortement en Irlande a été légalisé le 13 décembre 2018, soit plusieurs mois après le déplacement que j'évoque dans ce souvenir.

Paris est, quant à elle, la ville fréquemment dépeinte comme la ville de l'invisibilité, dans laquelle tout le monde semble s'ignorer, au point de se bousculer au quotidien dans le métro. La ville où trop peu de concitoyen.ne.s s'inquiètent du sort de leurs voisins et encore moins du malheureux ou de la malheureuse endormi·e sur le trottoir d'en bas. Pourtant, sans cheveux, je n'étais plus anonyme. Notre capitale est pourtant faite d'une grande diversité de gens, de vies, de visages, de cultures. Encore plus qu'ailleurs, une large ouverture d'esprit et davantage de tolérance auraient pu être monnaie courante. Mais non. À chacun de mes retours dans la ville Lumière, cette particularité bien française se rappelle trop vite à moi.

Après l'Europe, je change de continent et dois, quelque temps plus tard, me confronter à une autre culture anglo-saxonne en allant à New York ! L'arrivée au contrôle des frontières est bien moins détendue qu'à Dublin. Mon passeport est soigneusement analysé, tout comme mon visage, mais là, je n'entends personne moufter. Toujours pas de « bonjour », ni de « merci », ne rêvons même pas à un « au revoir ». Mon passeport est tamponné, double-tamponné, il m'est rendu et *next*[1]. On prend le temps pour les aspects sécuritaires, mais on se fout du capillaire. Ce n'est pas pour me déplaire ! Il faut le savoir : je pose le pied sur le sol américain pour la toute première fois. Je n'ai donc encore jamais rencontré tous ceux avec qui j'échangeais virtuellement jusqu'à présent (que de premières fois dans ce récit !) Les clients m'ont tout de suite acceptée telle que je me présentais à eux, sans se demander pourquoi je portais une coiffure ou une autre. Comme il n'y avait pas eu « d'avant avec cheveux », il ne pouvait y avoir « d'après ». Ils étaient dans le présent de mon apparence. D'autant qu'aux États-Unis, si Brandon se hasarde à une remarque sur l'apparence de Kelly en sa présence, qui plus est sur leur lieu de travail et même si c'est pour la complimenter, la sanction tombe. C'est on ne peut plus inapproprié. La

1. De l'anglais signifiant « au suivant ».

loi est très claire, et les services de gestion des ressources humaines sont garants du respect des pratiques. Là-bas, personne pour me juger sur mon apparence de façon négative, en tout cas pas de façon perceptible. Peut-être n'en pensent-ils pas moins selon leurs croyances, leur culture, leurs valeurs, mais cette façon de cohabiter possède au moins le mérite de laisser chacun évoluer selon ses propres souhaits. Pour le reste, je me sens aussi tranquille qu'à Dublin. Et ce, même si New York est bien plus vaste et peuplée. La Grosse Pomme ne laisse aucune place aux regards lourds, aux dragueurs à deux sous du métro, personne ne s'occupe de mon apparence lorsque je commande mon petit déjeuner dans cette célèbre chaîne de café. Être une femme aux cheveux rasés n'a strictement aucune espèce d'importance à NYC. En restant une semaine sur place, j'en ai conclu qu'il est possible de vivre ses choix capillaires sans être jugé·e constamment. Les États-Unis ont certainement bien d'autres problèmes de société, mais de ce côté-là, je considérais déjà cela comme une victoire. Car oui, en France en effet, je devais déjà supporter – et ce même avant d'avoir coupé mes cheveux – des remarques sexistes en tout genre. Et pas que dans la rue, non, même au travail. Ce matin-là, j'ai voulu arriver tôt pour profiter du calme d'un *open space* encore vide. Je m'affairais déjà à mon poste, sans demander mon reste. C'est alors que Monsieur X entre et se dirige vers moi pour accéder à son propre ordinateur. De par la profondeur de la pièce, il est en mesure de voir mes pieds sous le bureau. Je porte des mocassins violet foncé, avec des touches argentées, des chaussures plates, de mi-saison, parmi les plus sobres que je possède. Monsieur X me salue alors : « Tiens, on a mis ses chaussures de princesse aujourd'hui ! ? » Je ne demande rien à personne, il n'est que huit heures quarante-cinq, je suis déjà absorbée dans mon dossier, et me voilà sonnée par cet uppercut machiste et dénué du moindre intérêt. Décidément, les hommes et les chaussures, c'est quelque chose. J'étais loin d'avoir mes talons à strass cette fois ! Je le salue en souriant d'un

« bonjour », comme les conventions l'exigent, pour qu'il s'éloigne au plus vite de moi. Alors oui, si à New York et plus largement aux États-Unis, une femme peut échapper à ce sexisme ordinaire, infantilisant et vexatoire pour avoir eu le malheur de porter des mocassins violets, j'applaudis des deux mains. Si mes chaussures légèrement différentes par leurs couleurs peuvent engendrer une telle réflexion pour cet homme conservateur alors que nous sommes censés avoir des relations strictement professionnelles, je vous laisse imaginer la tête de Monsieur X le jour où il a vu la mienne dénudée ! Mémorable.

Le fait le plus marquant de mes chroniques capillaires new-yorkaises eut lieu alors que j'arrivais à l'accueil du gratte-ciel où la société a installé ses bureaux. C'est ainsi dans la ville qui ne dort jamais : les immeubles hébergent des dizaines de grandes entreprises différentes dans leurs soixante à soixante-dix étages. Il faut donc se signaler à l'accueil principal pour faire prévenir ses interlocuteurs, afin qu'une personne habilitée vienne vous chercher. Simple !

À cet instant, une collègue de la première hôtesse arrive et passe derrière le comptoir. Elle me toise et me lâche un strident *I looove your hairstyyyyle* ! comme seul·e·s les Américain·e·s savent le faire. Pour preuve la manière dont ils sont capables de s'extasier devant tout et n'importe quoi. Un simple yaourt peut tout à coup être *amaaaaaaaazing*[1]. C'est assertif, vif, haut et fort tout en arborant un large sourire, sans aucune crainte de déranger qui que ce soit alentour lorsque la voix part dans les aigus. Cette phrase peut se traduire par : « J'adooooore votre coupe de cheveux. » En plus de perdre plusieurs points d'audition, je suis abasourdie puisque je n'ai encore eu aucun signe avant-coureur quant à d'éventuelles remarques sur mon apparence. Tout est comme normal là-bas, à New York.

1. Adjectif laudatif très souvent utilisé par les Américains pour qualifier une situation ou un objet qu'ils apprécient. Équivalent de « génial », « super » en français.

J'ai une coupe de cheveux comme une autre, une coupe banale. Prise de court comme si souvent dans ce type de situation, je la remercie d'un sourire.

Bye-bye l'Amérique. Bonjour l'Asie. Mon tour du monde professionnel s'achève à Hong Kong et à Singapour, où rien, mais alors rien de rien (non, je ne regrettais rien) ne s'est produit à ce sujet. Le néant de l'invisibilité bienfaitrice. Pas de regard dans les rues, ni dans les bureaux, encore moins dans les transports, *nada*. Je suis pourtant dans deux villes qui sont chacune trois fois plus peuplée que Paris[1]. Personne ne pointe du doigt cette différence qui ne me semble même plus en être une. Au-delà de mes obligations professionnelles, j'ai également eu l'occasion d'aller en Thaïlande en vacances[2]. Le pays des moines bouddhistes aux crânes rasés ! Je m'en fais une joie, car je vais sûrement en croiser un certain nombre lors des visites de temples. Auront-ils un avis sur le sujet ? Seront-ils surpris de voir qu'une femme d'une autre culture *l'a* fait ? Car, après tout, dans la tradition bouddhiste, les nonnes se rasent également le crâne. En définitive, les réactions sont à l'image de mes autres déplacements sur ce continent. Aucune impolitesse, aucun regard indiscret, aucun commentaire, mais pas de sourire de connivence pour autant. S'agit-il de la juste distance respectueuse ?

Le facteur culturel m'apparaît donc comme incontournable : le pays de la Révolution et de la Déclaration universelle des droits de l'homme et du citoyen me semble encore peu favorable à la rébellion capillaire. « Mais ça fait bizarre, tu n'es pas Noire, on va voir la démarcation entre la peau de ton crâne et celle de ton visage. » Cette phrase résonne encore dans ma tête. Un collègue me

---

1. Paris comptait, d'après l'Insee, 2 190 327 habitants en 2016. New York en dénombre environ 8,5 millions la même année d'après le Bureau du recensement des États-Unis. Hong Kong et Singapour possédaient respectivement 7,3 et 5,6 millions d'habitants en 2016 d'après la Banque mondiale.
2. Oui, j'ai bien conscience de ce très mauvais bilan carbone. Soyez indulgent·e·s mes cher·e·s lecteurs et lectrices.

l'avait assenée en découvrant mon joli crâne. Il me signifie par là qu'il considère cet usage comme exclusivement réservée aux femmes noires. Malgré une possible démarcation entre la couleur de leur cuir chevelu d'avec celle de leur visage, le fait qu'elles soient brunes et foncées de peau rendait, pour cet homme, l'ensemble plus harmonieux que pour une femme à la peau claire. Donc elles oui, moi non ! C'est rageant, n'est-ce pas ? Quelles raisons peuvent bien justifier une telle différence de traitement ?

Il est vrai que la pratique est répandue auprès des femmes noires : j'en avais croisé un certain nombre de fois, qu'elles soient françaises de métropole, d'outre-mer, des Caraïbes, d'Afrique ou d'ailleurs, ayant les cheveux rasés de près. Mais pas de crâne dénudé parmi les femmes caucasiennes blanches. Pourquoi cette coupe, largement portée dans la culture afro, est-elle admise pour une femme noire mais beaucoup moins, voire plus du tout, lorsqu'elle est blanche ? Pourtant, les femmes noires et les différentes cultures africaines n'échappent pas non plus aux différents mythes fondateurs liés aux cheveux : ils sont synonymes de fécondité, de santé et de force. Et cela n'a pourtant pas empêché certaines tribus et peuples africains d'être connus notamment par le biais des femmes aux cheveux courts tels que les Massaïs ou les Samburus. À l'inverse de nos cultures occidentales, la tradition impose à ses filles et à ses jeunes femmes de couper leurs cheveux, car seuls les hommes guerriers ont le droit d'en avoir. Aussi sûr que le ciel est bleu, que le soleil se couche pour faire place à la lune, la coupe de ces femmes ne pose aucun problème dans ces sociétés. Personne ne se demande si cela la rend moins belle, moins séduisante ou si cette façon de se présenter au monde est moins seyante. Mais pour la femme blanche occidentale, si. Ma culture m'impose les cheveux d'une certaine longueur.

Bienheureusement, nous sommes encore loin de la dictature capillaire en vigueur en Corée du Nord[1]. Dans ce

---

1. *https://www.ouest-france.fr/leditiondusoir/data/987/reader/reader.html#!preferred/1/package/987/pub/988/page/5.*

pays, j'aurais été hors-la-loi pour refus d'arborer l'une des dix-huit coupes de cheveux obligatoires et homologuées par le régime en place (contre quinze pour ces messieurs). Mais attention, sans avoir la possibilité de faire une teinture (sauf en cas avéré de cheveux blancs ; même la pire des dictatures peut faire preuve d'une certaine forme de clémence).

Si la culture française n'est pas prête à voir des têtes à nu, je lui ai donné un sacré coup de pouce à mon niveau ! En France, je ne suis peut-être pas hors-la-loi, mais je suis hors-norme capillaire. Attention : déviations !

POUR 35 BALLES, T'AS PLUS RIEN !

Lorsque je me sens débordée, fatiguée, que le besoin de faire une pause et de se détendre devient pressant, je rends visite à ma coiffeuse. Je ne pense pas être la seule dans cette situation et ne m'explique que difficilement cet engouement. Est-ce dû au massage du cuir chevelu lors de l'obligatoire passage au bac à shampoing ? Est-ce parce que l'on se fait coiffer dans un *salon,* ce qui invite sémantiquement à la détente et au lâcher-prise ? Est-ce dû à la chaleur qui règne en maître, nous plongeant dans une douce torpeur ? Est-ce la perspective de se sentir plus belle en ressortant qui nous met en joie ? Une autre raison peut encore être ce temps symbolique lors duquel on s'adonne à une activité qui nous offre de l'estime de soi autrement que par la performance à laquelle nous sommes toujours sommé·e·s. Sûrement un peu tout cela à la fois.

Quoi qu'il en soit, aller dans un salon de coiffure (ou dans un salon d'esthétique, un salon de massage ou même un spa) participe, par expérience, à un rendez-vous avec soi. Or depuis que je peux me raser le crâne par mes propres moyens et à moindres frais, je ne vois plus la nécessité de prendre ce temps chez ma coiffeuse. Je joue désormais « à domicile ». Un rasage par mes soins ou par ceux de la coiffeuse, quelle différence ? Un rasage est un rasage. Et pourtant !

Tout au début de mes péripéties, j'avais besoin de l'aide de mon mari pour venir à bout de l'exercice. Au commencement, la fréquence de coupe était d'environ tous les quinze jours pour quinze minutes de travail, tête penchée au-dessus de la baignoire. En effet, de retour à l'appartement parisien, je pensais plus que jamais au nettoyage post-coupe, j'ai fini par apprendre. Je n'avais pas encore suffisamment confiance dans ma maîtrise de la machine pour ne pas faire de trou. Même avec juste trois millimètres de longueur, un raté se voit rapidement. N'ayant jamais réellement coiffé quelqu'un à l'aide d'une tondeuse, je me voyais encore moins le faire sur moi, à l'aveugle. Finissant par en avoir assez de déranger mon homme pour mes envies capillaires, et après deux ou trois coupes soigneusement effectuées par ses soins, j'ai voulu tenter le coup moi-même.

J'ai eu l'idée de me tracer un schéma mental afin de m'assurer du passage de la tondeuse sur chaque partie de mon crâne ; schéma auquel mes gestes répondent mécaniquement. Une fois que toute la tête est rasée, je passe ma main sur mon crâne pour ressentir une quelconque irrégularité ou les fameux trous afin de vite y remédier. Pour parachever l'ensemble, je demande à mon époux d'endosser la lourde charge de l'inspection des travaux [illegible]. Lors de mes premiers essais en solo, la retouche [illegible], Frédérik se moquait tendrement de [illegible] et de l'approximation du fameux schéma [illegible] de finesse. Il terminait [illegible]. Un beau travail d'équipe que notre couple. [illegible], le fond de ma baignoire [illegible] de petits cheveux bruns. Comment [illegible] alors que je les coupe tous les [illegible] ? Plus je coupe ces petits cheveux régulièrement et plus vite encore ils repoussent. C'est ainsi que je suis passée de toutes les deux semaines à toutes les semaines, afin de les avoir toujours plus courts. Je ne supporte plus qu'ils soient « trop » longs. S'ils atteignent un centimètre, c'est qu'il y a déjà sept millimètres superflus. On s'habitue à tout. Puis, un jour, alors que mon cher époux avait utilisé la tondeuse pour sa barbe sans la remettre sur mes trois millimètres habituels, je l'ai utilisée comme à l'accoutumée, sans m'apercevoir, avant l'irréparable, qu'elle était réglée sur le plus petit sabot : un millimètre. La chose est faite. J'ai tellement apprécié les avoir encore plus courts que j'ai adopté sans plus de difficulté cette plus petite longueur. J'étais devenue une vraie droguée : plus ils étaient courts, plus je les voulais courts et plus je les coupais souvent.

Et aussi fréquemment que je tondais mes cheveux, je relançais une roue de l'infortune des commentaires, je remettais une pièce dans la machine aux avis. Les collègues, les amis plus ou moins proches, presque tout le monde y allait de nouveau de sa critique : « Ah ! Tu t'es *encore* coupé les cheveux ! » ou « Ah ! Tu ne te laisses pas pousser les cheveux ? ! »

J'ai pris l'habitude de m'occuper de ma tête le dimanche soir. Aussi, tous les lundis, le même scénario se répète en petite pluie fine ou en grosse ondée. Pourtant, qui dit coupe courte et structurée dit entretien régulier. Malgré cela, c'est comme s'il s'agissait d'une nouveauté que mon entourage n'avait pas digérée. Ils devaient tous penser que j'avais fait cela en one shot, une fois comme ça pour voir, pour m'amuser. Ou encore parce que j'avais pété une durite un dimanche et qu'heureusement, ma raison allait finir par l'emporter et me faire reprendre le dessus. Ils se refusent à l'idée que ce processus perdure. C'est comme si, à chaque itération, ils étaient eux-mêmes victimes de ma tondeuse. Chaque répétition leur fait revivre la disparition de mes cheveux. Invariablement, toutes les semaines, j'ose leur rappeler le caractère déterminé de mon action.

À force, je ne cherche même plus à objecter quoi que ce soit. « Ah ! Tiens, tu es retournée chez le coiffeur ! » À quoi bon leur préciser que je le fais moi-même. Cela n'a plus aucune espèce d'importance de répondre à cette exclamation rhétorique lourde de sous-entendus.

Lorsqu'une personne se fait une nouvelle coupe, elle la conserve un minimum de temps, elle l'entretient, à moins que cela ne lui déplaise. En fonction de la repousse de son cheveu, elle retournera chez son coiffeur pour réitérer cette dite coupe. Toutefois, pour mon cas personnel, mon entourage ne *veut* pas qu'il en soit ainsi. C'est comme une petite mort à chaque fois ; comme si je tuais aussi leurs cheveux à leur insu. Ils constatent, impuissants, mon addiction : je suis une criminelle capillaire, multirécidiviste de surcroît.

Ma motivation doit être sans faille face à toute cette désapprobation permanente. J'aurais pu abandonner un certain nombre de fois. Encore et encore la même rengaine pour me rappeler ce qu'ils considéraient comme des « mauvais » choix. Comme s'ils voulaient me rendre service au cas où j'aurais oublié que la veille au soir, je m'étais moi-même tondu le crâne. « Ah bon ! Toi aussi, tu as remarqué que je m'étais coupé les cheveux, ton sens de l'observation est très affûté ! » Bien que je ne cherche pas à m'ostraciser, cette remarque me remet systématiquement à la marge. Je matérialise mon refus, devenu manifeste, de rentrer dans le moule des chevelus. Presque dogmatiquement, on se plaît à me redire, parfois avec de l'agacement dans la voix « Encore ? ! » Oui, encore, encore et encore, tant que j'en ai envie et autant que je le décide.

Pendant trop longtemps, le choc a été rude à encaisser, puis comme pour tout et avec plus ou moins de rapidité, ils ont fini par s'habituer, les « encore » et autres irritations ont pu céder leur place au silence et à l'absence de jugement. Un petit pas pour l'homme, un grand pas pour l'humanité. Punaise ! Ça leur en a pris du temps !

Car oui, cela va bientôt faire deux ans au total, sept cent trente jours, dix-sept mille cinq cent vingt heures, et donc vraiment beaucoup de minutes et bien davantage de secondes pendant lesquels je porte haut ma tête dénudée. J'apprécie toujours autant la liberté que j'ai gagnée d'avoir une coupe si facile à vivre au quotidien. Pour autant, cette habitude se mue insidieusement en contrainte – sans que je comprenne bien pourquoi – et la lassitude s'installe, doucement mais sûrement. Le résultat est toujours aussi plaisant, or je n'ai parfois plus la motivation de m'occuper de cela toute seule, envolée la niaque du début. À croire que j'ai de nouveau envie de retourner chez ma coiffeuse pour qu'elle me chouchoute. Peut-être que tout ceci commence à me peser.

Je décide donc de retourner la voir. Comme il s'agit d'un salon sans rendez-vous, une de ces grandes marques de franchises françaises dont on voit les publicités à la télévision aux heures de grande écoute, j'y vais très spontanément. Du jour où je n'ai plus eu envie de me raser moi-même, j'ai accepté de le faire faire.

— Bonjour, auriez-vous de la place pour me couper les cheveux s'il vous plaît ?

— Oui, bien sûr.

Et alors qu'elle m'invite à m'installer dans un beau siège, j'ai la présence d'esprit de m'enquérir du tarif de cette coupe si rapide à faire, comme ça, pour savoir. Je ne me méfie pas. Après tout, il ne doit pas y avoir tant de travail que cela. Si en tant que novice, je m'en sors pour dix à quinze minutes au maximum, une professionnelle en aura certainement pour le même temps mais avec plus de technique. Le tout rapporté au taux horaire pour le convertir en espèces, en comptant l'expertise et les frais à imputer, j'imagine que cela me coûtera quelque chose comme 20 à 25 euros au maximum.

— Cela fera 35 euros, me répond-elle en me sortant par la même occasion de mes calculs savants.

Je suis restée interdite. J'aurais aimé que ce soit les cheveux qui m'en tombent à la place des bras. Au moins j'aurais économisé 35 euros et aurais pu être coiffée dans l'instant. 35 euros pour quelques allers-retours de tondeuse ! C'est encore plus cher que le prix de ma tondeuse achetée au supermarché pour 33 euros. Non, c'en est trop pour moi. Certes, vivre à Paris est rarement synonyme de vie bon marché, oui le salon est installé dans une rue cotée du XVIIIe arrondissement dans laquelle Amélie Poulain venait travailler, où touristes en mal de cartes postales et bobos se mélangent aux terrasses des cafés. Certes, la marque du salon de coiffure en question est plutôt haut de gamme, mais 35 euros pour quelques coups de tondeuse ! J'aurais pu m'en racheter une neuve à ce compte-là.

— Je vous ai appliqué le tarif homme cheveux courts, se justifie alors, à la vue de ma tête déconfite, la pauvre coiffeuse, qui ne bénéficie d'aucun pouvoir de décision ni de marge de manœuvre en tant que salariée.

— Non désolée, c'est trop cher, tant pis pour moi. Merci et bonne journée à vous. Au revoir.

Je sors du salon et marche complètement hagarde, effarée. En arrivant chez moi, j'ai pris machinalement ma tondeuse et me suis coiffée. Quinze minutes d'un léger bruit de coupe mécanisée pour relativiser. Afin d'évacuer ma frustration d'avoir choisi d'économiser 35 euros et de ne pas me faire chouchouter un petit instant. À peine quinze minutes et ce sera terminé. Allez, continue ! Tu en as toujours envie, alors prends sur toi : *the* chauve *must go on, yeeeeaaaah* !

AU SECOURS ! SORTEZ-MOI DE LÀ !

Le temps s'écoule, inexorable, tandis que ma frustration de me détendre sur un fauteuil de coiffeur me ronge de l'intérieur. Pourtant, même avant mon renoncement à une coupe relevant davantage du standard sociétal, je n'allais pas tant que cela chez ma coiffeuse, au maximum trois fois par an. Or là, je ressens vraiment le besoin de me laisser porter, de ne pas réfléchir à ce foutu schéma mental pour ne pas me transformer en emmental. L'épisode des 35 euros a bien douché mes ardeurs, mais ne les a pas éteintes pour autant. Je me suis naturellement mise en quête de solutions et mes connexions synaptiques me dirigent donc vers les coiffeurs afro, réputés pour leur technique sur cette fameuse coupe courte, mais aussi pour leurs tarifs défiant toute concurrence. Certains quartiers de Paris – Château-d'Eau ou Strasbourg-Saint-Denis – sont justement connus pour cela, avec des rues entières dédiées à ces spécialistes. Certes, eux aussi ont pour habitude de l'effectuer sur des hommes mais, *a priori*, le principe est le même, alors peu m'importe.

Cette idée ne fait pas exception, comme les autres, elle a besoin d'un temps de maturation. D'ailleurs, certains de mes amis n'y étaient pas pour rien, étant donné qu'à plusieurs reprises, ils m'avaient suggéré de me rendre chez l'un d'entre eux « Oui, les coiffeurs afro te feraient quelque chose de très propre, avec de jolis contours. »

Les contours ? Oui, mère Nature nous a tous doté·e·s d'une implantation capillaire pas forcément régulière en pourtour de visage, et surtout différente les un·e·s des autres. Les coiffeurs afro utilisent cette technique dans le but de travailler de façon très précise les lignes autour du visage et de les rendre les plus harmonieuses possible. Lorsqu'on porte les cheveux longs, cela ne se voit que moyennement, voire pas du tout. Une fois la masse capillaire coupée au plus court, difficile de faire l'impasse sur les contours. Une petite lame de rasoir semblable à celles utilisées pour travailler les barbes, le coupe-chou, entre alors en jeu afin de réconcilier la droite et la gauche. J'ai parfois le goût du risque, mais d'un risque plutôt modéré et *a minima* maîtrisé. Je n'ai donc jamais pratiqué moi-même cette opération délicate, laissant libre cours aux quelques caprices de mon implantation.

Bien que n'habitant pas ces rues où les coiffeurs foisonnent, je passe régulièrement devant ceux de mon quartier. Alors à force d'avoir l'idée en tête, je suis entrée en action. J'ai poussé une porte au hasard. Avec un unique objectif : connaître le tarif appliqué à ma situation.

— C'est 10 euros.

— 10 euros ? Avec les contours inclus ?

— Oui, oui !

— J'aimerais prendre rendez-vous alors s'il vous plaît.

— On ne prend pas de rendez-vous, vous venez quand vous voulez.

Cette fois-ci, je rentre jusque chez moi dans un tout autre état d'esprit. Je marche légère, contente de ne pas avoir à débourser une demi-fortune, mais seulement 10 euros afin que quelqu'un d'autre prenne soin du peu de cheveux encore à ma disposition. Je pourrais même y aller à trois reprises pour le tarif que l'on me réclamait chez Franck Groslot. À l'époque de la longueur, j'aurais été délestée de 150 euros entre les mèches ou la couleur, le shampoing, un soin éventuel (« Oh là là, ah oui ! Il faut faire quelque chose, ils sont très abîmés vos cheveux ! »), la coupe, le coiffage. Et j'en prenais pour presque trois heures. Au moins, avec mes tout petits cheveux, ce sera bien moins cher et plus rapide.

Je suis retournée chez ce nouveau coiffeur peu de temps après mon étude de marché, entre midi et deux un jour où j'ai posé ce congé de dernière minute qui fait tellement de bien. Le salon est exigu, avec deux ou trois fauteuils de coiffure. Un monsieur qui s'occupait déjà de quelqu'un m'accueille : « Que désirez-vous ? » Il m'explique avoir bientôt terminé et m'invite à patienter en m'indiquant où m'asseoir. Chez ce coiffeur, pas de siège non, mais une simple chaise en plastique. À côté de moi, la caricature stéréotypée de la mama africaine expansive, haute en couleur dans son caractère comme dans ses vêtements. Nous commençons à échanger quelques courtoisies de rigueur. Quand soudain :

« J'aime bien votre coupe. » Je reste polie, alors je la remercie du compliment.

Un homme se faisait coiffer par un second coiffeur. Plus en retrait que le premier, je ne l'avais pas encore remarqué. En une fraction de seconde à cause de cette petite phrase malencontreuse, tous les regards convergent sur moi : le regard de cet homme, de son coiffeur, du premier coiffeur à qui je me suis adressée en entrant, de la personne qu'il coiffait, de cette dame assise à mes côtés. Ce même homme qui m'avait à peine répondu lorsque j'avais lancé un « bonjour » à la cantonade en arrivant dans le salon, voilà qu'il me dévisage. À son tour de se fendre d'une flatterie : « Ah oui ! très jolie. » Sauf que le ton de sa voix, sa façon de me contempler, tout indique ici que le sujet de la conversation s'est déplacé de l'esthétique de ma coupe à l'intégralité de mon physique. Mon échelle de malaise commence à s'affoler.

Je détourne le regard, je cherche quelque chose à laquelle me raccrocher, n'importe quoi. Mes baskets deviennent soudainement hyperintéressantes. J'évacue de la main ce compliment ou ce qui s'avère une insistance très déplaisante. Mon tour approche enfin après ce qui m'a semblé une éternité, au cours de laquelle je me suis demandé si je devais rester ou partir.

Une parole en entraînant une autre, puis une autre, l'homme qui libérait sa place pour que je prenne la suite se permet à son tour de me signifier tout le bien qu'il pense de moi. Disparaître, m'enfoncer dans un trou de souris. Rentrer chez moi. C'est horrible, je me sens comme une proie acculée, faisant face à son prédateur. Je vais me faire bouffer toute crue, c'est certain. Je suis tétanisée, tel un lapin pris dans les phares de la voiture qui lui fonce dessus. Je reste bloquée, aucun son ne parvient à sortir de ma bouche. Paralysée.

Je ne connaissais pas ces gens il y a cinq minutes encore, et voilà qu'ils se permettent ce qui m'apparaît comme une familiarité absolue. Comme s'ils touchaient physiquement à mon corps. L'un d'entre eux est d'ailleurs bientôt censé le faire. Je suis pétrifiée à cette idée. Mon instinct primaire m'incite à m'enfuir et mon cœur me hurle : « Cours, pars, enfuis-toi vite, ne réfléchis pas, tu sens le danger venir ! » De son côté, ma raison fait ce qu'elle sait faire de mieux : « Ce n'est "rien", ne les écoute pas. Surtout que tu as attendu, tu serais bien impolie de partir maintenant. Donc reste. Et surtout, tu auras les cheveux coupés ! C'est bien pour cette raison que tu es venue ? Qu'est-ce qui pourrait bien t'arriver ? Ce ne sont que des paroles. » La raison a gagné.

Allez ! Je souffle un bon coup, je respire, je prends sur moi. « Oublie le client qui vient de partir. » Le coiffeur m'installe dans son fauteuil. Je commence par lui expliquer ce que je souhaite. Très court donc, un millimètre et évidemment, je suis là pour eux, les fameux contours bien dessinés, propres.

« Un millimètre ? » répète le coiffeur avec beaucoup d'interrogation dans la voix. « Vous êtes sûre ? Car c'est très, très court, hein. »

Je me sens blasée. Même chez un coiffeur dont c'est le métier et qui, au quotidien, doit raser un certain nombre de crânes de mecs, je dois argumenter, expliquer, me justifier. Encore et encore. Tout l'inverse jusqu'à présent de ce que je pensais y trouver. J'étais pourtant arrivée avec à peine un centimètre de cheveux. Ce n'est pas comme si j'étais venue avec mes cheveux longs. Non, je ne partais pas de si loin. Cela se voyait que je portais déjà mes cheveux extrêmement court. Je n'étais pas entrée avec une casquette vissée sur la tête. Je ne lui ai rien caché.

« Oui, oui, je le sais, ne vous en faites pas. D'habitude je les coupe moi-même mais, aujourd'hui, j'ai eu envie que quelqu'un le fasse pour moi, pour notamment travailler les contours. Parce que ça, je ne maîtrise pas du tout. Donc, le plus petit sabot s'il vous plaît, ce sera parfait. »

Il s'exécute et prépare son matériel, plutôt vintage, voire vétuste, propre mais ancien. On est loin de la tondeuse dernier cri de chez Franck Groslot. Il nettoie, huile les lames avant de remettre le sabot. Il enclenche la tondeuse. Enfin le bruit de *trimming* commence à me rassurer. Il est devenu si familier avec le temps, il agit sur moi comme ces sons de froissements de papiers ou les chuchotements qui vous provoquent des frissons et des sensations agréables. Je me laisse aller à la détente.

« C'est très joli, cette coupe, ça vous va bien ! Vous êtes belle ! »

Au secours, ça recommence. Son collègue surenchérit et me complimente pour la deuxième fois déjà en moins de cinq minutes. Je suis alors LE sujet principal de conversation de tout le salon. Je bouillonne intérieurement : ce qui constituait d'abord de tout petits frémissements sont devenus de plus grosses bulles remontant à la surface, prêtes à exploser. Un geyser en Islande. Je tente coûte que coûte de garder mon calme. Que dois-je faire, comment me sortir de ce moment désagréable et délicat à la fois ? J'entrevois une seule possibilité pour le moment : parler, exprimer ma gêne profonde à les entendre parler de mes caractéristiques physiques comme si je n'étais pas là, comme s'ils discouraient de la pluie et du beau temps, sans même se soucier de savoir si cela pouvait m'incommoder. Même sous couvert de compliments, cela va trop loin, je me sens salie.

— Arrêtez, s'il vous plaît ! Merci, mais cela me gêne.

La douche froide pour tout le monde, l'incompréhension totale même. Je ne cesse d'être déroutée depuis que je suis entrée dans ce lieu qui n'a rien d'un salon de coiffure habituel.

— Pourquoi ? répond alors celui qui a la tondeuse sur mon crâne. Tu es belle, il faut être fière, c'est bien !

Je ne peux m'empêcher de penser : « Si tu me trouvais moche, tu me l'aurais dit ? Vous me l'auriez tous dit ? Qu'aurais-je dû faire ? Me terrer à jamais ? Co***** ! »

Oui, et puis on n'a qu'à se tutoyer maintenant que tu te forces à entrer dans mon intimité. Le vouvoiement est abandonné en route, je ne suis pas vieille France, mais j'ai mes limites. À tort ou à raison, telle n'est pas la question, je suis déstabilisée de me sentir ainsi soumise à leur bon vouloir. La dame auprès de qui j'étais installée pour patienter entre de nouveau dans l'arène. Allez ! une de plus, je ne suis plus à ça près, plus on est de fous, plus on rit.

— Ah oui ! très jolie.

Je tente pour la seconde fois de faire entendre mon point de vue.

— C'est gentil, mais je suis gênée que vous parliez de moi comme si je n'étais pas là. On pourrait peut-être parler d'autres choses, s'il vous plaît ? quémandé-je avec tout le désespoir qu'il m'est possible de mettre dans ma voix.

Un dialogue de sourds. Pour eux, je n'ai pas à être embarrassée. Pour ma part, je n'admets pas leur insistance et cet empressement à parler de ma beauté toute relative sans que nous nous connaissions. Après la tentative infructueuse de la parole, je me mure dans le silence, en espérant ardemment les dissuader de continuer. Je suis en tension dans tout mon corps. Je n'ai plus envie d'être là. Ma bouche s'est fermée, mais mes yeux sont restés grands ouverts pour guetter les gestes techniques dans lesquels je n'ai désormais plus aucune confiance.

Un siècle, une éternité, les secondes se sont transformées en heures. Ce fut de toute façon beaucoup trop long avant qu'il ne termine et me présente le miroir. J'esquisse un hochement de la tête sans plus prêter attention au résultat. Pas vraiment d'enjeu à part retirer quelques centimètres ; au pire si c'est raté, je recoupe plus court derrière ou j'égalise moi-même. Je m'en fiche, je veux juste rentrer, m'en aller loin d'ici et vite. Je ne veux plus jamais y remettre les pieds.

— Ça te plaît ?

— Oui, je mens éhontément.

— Alors si ça te plaît, tu reviendras pour la prochaine coupe ?

— Oui.

Je veux m'enfuir. Je n'ai pas réussi à lui faire comprendre mon malaise, alors à quoi bon tenter d'aller plus loin et de lui expliquer qu'à cause de tout ce qui s'est passé dans les trente dernières minutes, je ne remettrai JAMAIS un cheveu dans cet endroit. J'ai menti, je ne suis pas du tout contente et ça ne me plaît pas, je gagne du temps, je ne veux pas plus de questions que de remarques. Je sors prestement mon billet de 10 euros en reprenant mes affaires et je sors. Je file, je vole. Et moi qui m'étais promis de toujours dire la vérité après un coiffage ! J'avais failli.

J'aurais aimé que le lieu soit si éloigné de mon domicile que je puisse courir longtemps, loin, sortir ma rage et évacuer toute la tension accumulée. Mais je ne suis qu'à quelques rues. Pas assez pour passer à autre chose. La protection capillaire que j'avais tant sous-estimée n'est plus là ; je suis vulnérable, dévoilée au point que les gens se permettent de me livrer pêle-mêle leurs pensées. « Tu te présentes nue, alors accepte que l'on commente ta nudité » est le message que j'avais perçu dans ce salon de coiffure. Je n'ai évidemment pas retenté l'expérience, même ailleurs et quel que soit le prix demandé. Pourquoi a-t-il fallu que cela se termine ainsi ? Pourquoi cette sensation d'agression là où ils ne cherchaient, d'après eux, qu'à me faire plaisir avec leurs compliments. Il n'y avait – je le pense et le crois sincèrement – aucune volonté de la part de ces personnes de me mettre dans l'embarras. Impossible de connaître la vérité.

Le pire dans tout cela reste cette fichue culpabilité de la victime. J'ai subi une situation non voulue, et pourtant c'est à moi que j'en veux. Je m'en veux d'avoir été trop fatiguée pour faire moi-même ce que j'ai pourtant l'habitude de faire. Je n'aurais pas eu besoin d'y aller si je n'avais pas été feignante. Je me sens fautive d'avoir été trop pingre pour aller à mon salon habituel. Je suis rageuse de n'avoir pas *su* quitter cet endroit sordide au lieu de les laisser faire. Je me suis remise en question ; ai-je surréagi ? Aurais-je dû apprécier les compliments et ne rien en penser de plus que cela ? Aurais-je seulement pu ? Tant pis pour lui, pour tous les autres, je continue de me couper les cheveux moi-même. J'ai rebranché ma propre tondeuse.

ÇA S'EN VIENT ET ÇA S'EN VA

Je serais bien incapable de vous dire comment tout cela s'est arrêté. C'est arrivé du jour au lendemain, sans crier gare, cela m'est tombé dessus. L'envie est partie telle qu'elle est venue, elle s'est barrée, elle a claqué la porte en emportant son balluchon sur son dos. J'ai ce pressentiment que je tonds à reculons depuis quelque temps, je dois de plus en plus me faire violence pour arriver à mon objectif.

J'abdique. Stop. C'est fini. J'arrête.

Plus la force de mettre un pied devant l'autre, plus de courage si cela en était, bref plus envie. Je suis moi-même étonnée d'en arriver à ce stade, presque déçue que cela se termine ainsi. Tous ces mois durant, j'aimais cette coupe au point de nourrir l'espoir d'y trouver une certaine stabilité capillaire. J'y croyais dur comme fer. Ma volonté *allait* perdurer. J'ai d'ailleurs, en cette occasion, établi mon record personnel. J'ai porté et entretenu la même coupe de cheveux deux années durant, la plus longue période jamais atteinte si je fais abstraction de toute mon enfance subie aux cheveux longs. Et Dieu sait que depuis que j'avais mis le doigt dans le pot à confiture de changer régulièrement de coupe ou de couleur, cela ne s'est jamais produit, jamais aussi longtemps. J'y voyais un signe, cette coupe *doit* être « la bonne ». *Epic fail*[1].

Je ne la garderai pas non plus. En juillet je coupais, en septembre deux ans plus tard, j'arrêtais. La lassitude l'a emporté, mais pas tout à fait dans les mêmes circonstances que lors des fois précédentes. J'ai toujours quitté une coupe pour une autre. Cette fois, je vais au-devant de cette période inconnue et totalement incertaine que constitue la repousse. Impossible de savoir quel nouvel aménagement je vais pouvoir arborer. Je dois attendre d'avoir à nouveau suffisamment de cheveux pour en faire quelque chose. Coïncidence ou destin, je renonce à mon habitude hebdomadaire alors que je vis une période de fatigue extrême inexpliquée. Je suis d'ailleurs suivie par la médecine interne d'un hôpital parisien pour rechercher les causes de cette asthénie. Un épuisement si fort que promener mon chien devient pénible. Alors me tondre les cheveux, pensez-vous, est devenu le cadet de mes soucis. Magnanime, j'ai coupé court à la guillotine et les ai laissés pousser.

« Mais comment vas-tu faire lorsque cela va repousser ? » Cette interrogation était déjà au cœur des préoccupations de mes contemporains lorsqu'ils avaient fait le constat de ma nudité capillaire. Et alors qu'ils repoussent, nous y voilà pour de bon. Réponse : avec une patience de tous les instants. C'est vous dire que si j'y arrive, tout le monde peut le faire ! Que pouvais-je faire d'autre ? Rien. C'est tout le principe de l'expectative. Laisser le temps aux petits cheveux de devenir grands. Puis lorsque le temps sera venu, retourner chez le coiffeur ou la coiffeuse (pas n'importe lequel·laquelle surtout) pour donner un peu de structure à la repousse. Il n'y a pas vraiment d'autres moyens.

« Mais ce sera moche, tu ressembleras à un kiki. » Oui, ma très chère et malicieuse amie, je te remercie pour ton

1. Expression utilisée dans les jeux vidéo en ligne et que l'on peut traduire par « échec cuisant ».

soutien indéfectible au même titre que ton franc-parler, c'*est* moche. On dirait que j'ai mis les doigts dans la prise. Les transitions sont rarement les périodes les plus simples. Tu as raison, je ressemble trait pour trait au jouet que les enfants des années 1980 et 1990 ont si bien connu, ce petit singe qui suçote son pouce[1]. Je suis la « plus kiki de tous les kikis[2] » avec mes cheveux encore trop courts pour leur donner une forme, mais pas assez pour que du gel parvienne à les discipliner. Le fameux entre-deux, la perspective d'autre chose. J'assume, quelles peuvent être mes autres options ? J'aurais pu mettre ma perruque mais à quoi bon vouloir cacher mes cheveux qui repoussent ? Je n'ai pas à avoir honte ! C'est un processus tout à fait normal. Si j'ai été capable d'avoir le crâne nu, je supporterais bien cela.

Durant cette période de repousse qui correspond dans le même temps à une période de convalescence, j'ai dû me rendre à plusieurs reprises à l'hôpital afin de suivre différents protocoles exploratoires. Sur l'itinéraire entre la station de métro où je descendais et l'hôpital lui-même se trouvait un salon de coiffure. La devanture n'était pas bien large, mais je marchais si lentement que j'avais tout le temps d'y jeter un œil. Tant et si bien qu'un jour, après un de mes rendez-vous à l'hôpital, je décide d'y faire une halte.

— Bonjour, je suis en train de laisser repousser mes cheveux et j'aimerais savoir si vous pourriez structurer le tout pour limiter les dégâts à la repousse.

— Oui, bien sûr, je vais vous faire un petit *bomber* à la tondeuse, chantonna la coiffeuse en digne représentante du fief toulousain.

Chat échaudé craint l'eau froide. Cette fois, j'ai bien pensé à demander le tarif avant de m'empresser de m'asseoir et de connaître la douloureuse une fois qu'il est trop tard : « 25 euros. »

---

1. Kiki est une petite peluche singe popularisée dans les années 1980. Elle a été renommée Monchhichi.
2. Slogan de la marque.

Il n'y a pas de hasard dans la vie, il n'y a que des rencontres, alors sans trop bien comprendre comment j'ai pu me sentir en confiance cette fois-ci, je me suis installée. J'étais peut-être beaucoup trop claquée pour avoir la force d'avoir peur. La coiffeuse a été disponible rapidement après mon entrée dans le salon. Je n'ai alors pas eu le temps d'envisager de faire demi-tour. Aucune remarque déplacée en attendant, ni de la part des deux coiffeuses ou du coiffeur, ni des clients, un fauteuil digne de ce nom, une ambiance chaleureuse agrémentée de quelques petites touches de je-ne-sais-quoi qui me laissent entrevoir que ce moment devrait être agréable.

Mon tour arrive. Je prends le temps de lui expliquer qu'après un peu plus de deux ans de coupe rase, je laisse mes cheveux reprendre leurs droits. Son cerveau de coiffeuse aguerrie n'a besoin que de peu de temps pour assimiler ma demande. Une fois l'affaire finie, je n'ai pas envie de courir. Je me suis sentie si bien qu'elle est devenue, depuis cette rencontre, ma nouvelle coiffeuse attitrée. C'est elle qui a retravaillé ma première coupe une fois que mes cheveux sont redevenus suffisamment longs. Je retourne encore auprès d'elle pour de plus amples expériences capillaires, avec toujours autant d'originalité.

Je me décide pour du rose par petites touches au milieu d'une chevelure grise, du rasé sur les côtés tout en gardant de la longueur décolorée sur le dessus. Les possibilités sont infinies.

L'histoire de la Vénus rebelle aurait pu s'arrêter ici. C'est mal connaître mes contemporains. Mon retour « dans la norme » de laquelle j'avais osé m'écarter déclenche une nouvelle forme de désapprobation, avec foire aux questions et remarques à la clé.

— Ah ! tu te laisses pousser les cheveux ?

Ou encore,

— Ah ! ça y est, tu te laisses enfin repousser les cheveux, c'est tant mieux, je préfère comme ça.

Quoi que je fasse, il y a encore et toujours matière à débattre, surtout auprès de celles et ceux qui n'avaient pas apprécié, voire détesté, mon précédent essai. Toujours les mêmes qui, pendant des semaines voire des mois, depuis le premier jour de ma vie sans cheveux, ne s'habituaient pas. Cette fois-ci, en revanche, personne n'est venu s'enquérir du motif de la repousse. Personne. Tous font le même constat : ça y est, c'est fini, elle est comme revenue à la raison. J'entends dans leurs voix un soulagement complet, une délivrance. Le pauvre petit agneau égaré est revenu dans le droit chemin vers son troupeau. Mais mes cheveux roses et gris ont bien douché leur joie trop vite regagnée.

La provocation intéresse, interpelle, dérange, mais la norme quant à elle ne se questionne même plus. Pourquoi donc, puisque c'est la norme ? Lorsqu'on rentre dans le rang, personne n'a cure de vos motivations. Pourquoi l'esprit veut-il s'interroger sur ce qui sort de la norme plutôt que de questionner l'inertie qui le maintient à s'y nicher ? La réponse n'est que prétexte, c'est le questionnement qui est ici fondamental. L'homme et la femme bien sûr, ces animaux sociaux, ont un besoin profond de s'assimiler à un groupe !

Par ailleurs, la repousse de mes cheveux m'a progressivement rendu un bout d'anonymat et de tranquillité dans la rue. Quelques centimètres font toute la différence. Le harcèlement de rue est redevenu ce qu'il était déjà, ni plus ni moins que le harcèlement banalisé que subissent beaucoup trop de femmes. Je ne suis plus scrutée par les badauds qui croisent mon chemin, j'ai des cheveux. Même s'ils sont roses et gris, tout le monde s'en fout : plus d'œillades lourdes dans les cafés, pas de « j'adore ta coupe » ou des « mais qu'est-ce que tu as fait ? » intempestifs. L'autre possibilité est que, décidément, cette nouvelle coupe ne me rend pas grâce ! Suis-je devenue soudainement si hideuse que plus personne n'ose poser les yeux sur moi ! Ce saisissant contraste me conforte dans cette idée : je n'ai rien imaginé, je n'ai pas exagéré. J'ai *vécu* tout cela.

*

Toutes ces situations ont bel et bien existé, comme *elle* que j'ai croisée dans la rue. Les autres fois, *elle* était dans le métro, *elle* patientait dans la file d'attente à la caisse du supermarché. *Elle*, c'est cette femme portant haut et fier le crâne nu. Je n'étais ni la première et je ne serai pas la dernière. Qu'elle soit jeune, moins jeune, que cela soit à cause de la maladie ou à la suite d'un acte volontaire – je ne le saurai jamais et ça n'a d'ailleurs aucune espèce d'importance –, j'ai l'impression d'en voir de plus en plus souvent. Mon expérience m'a-t-elle ouvert les yeux ? La période est-elle réellement propice, comme le laissaient entendre les articles de presse : davantage de femmes combattent, refusent en bloc ou fuient le diktat de la norme ?

Le même scénario immuable se produit lorsque je repère cette femme parmi la foule : des milliers d'émotions m'assaillent. Difficile de faire le tri sur l'instant. Je suis tellement enchantée de voir une autre femme assumer, malgré toutes les difficultés, certainement loin d'être exhaustives, que j'ai moi-même eu l'occasion d'expérimenter. Je veux lui sourire, aller vers elle pour lui parler, la féliciter, que l'on discute de nos vécus respectifs. « Par quelles étapes êtes-vous passée ? », « Vivez-vous au quotidien les regards et les salves de questions, la violence, la drague abusive et lourde ? », « Qu'avez-vous ressenti ? » et tant d'autres questions encore.

Mais non. Ne surtout pas faire cela, au risque de me transformer en tout ce que j'ai fini par honnir. Tant bien que mal, je tais cette voix intérieure. J'ignore donc cette personne, comme on ignore une inconnue dans la rue, comme chacun passe et mène sa vie, comme tout le monde, anonyme et tranquille. J'ai arrêté de les regarder comme des femmes qui sortent de la norme, jusqu'à ne plus les regarder du tout. Qu'elles portent ou non des cheveux. De cette manière, j'ai l'impression d'en faire bien plus pour banaliser la situation qu'en allant les importuner.

*

Anna est une ancienne camarade d'école de commerce. Elle a vu ma tête dénudée sur les réseaux sociaux depuis le tout premier jour et m'a écrit quelques mois plus tard pour me confier son admiration. Elle me décrivait ses sentiments, identiques à ceux que j'avais pu éprouver : « J'ai envie, mais je n'ose pas. » Elle ne me parlait pas d'une envie superficielle comme pour toutes celles qui soi-disant voulaient faire comme moi en me voyant. Pour ces dernières, je sentais bien qu'il s'agissait là d'une parole en l'air, lâchée dans le feu de la conversation. Mais pas elle. Anna éprouvait une envie profonde, ancrée, bien réelle. Je lui ai donc confié tout ce processus de réflexion par lequel j'étais passée avant d'agir ainsi que les conséquences auxquelles elle s'exposait. « Attention, tu risques de te faire remarquer, je te préviens ! » Et en même temps : « Fonce, c'est si libératoire ! » Elle a osé. Anna s'est aussi rasé le crâne. J'étais si fière : elle avait trouvé la force de répondre à cette envie pourtant réprimée pour toutes les raisons que l'on connaît mieux désormais. Elle n'aura gardé cette coupe que quelques mois. Peu importe. Elle a pris des risques, elle a essayé.

Je pense aussi à Juliette. Chaque fois qu'elle voyait un nouveau cliché de ma tête dénudée, elle me faisait savoir à quel point elle aimerait, elle aussi, avoir la possibilité de le faire. « J'aimerais tellement oser, j'adore les cheveux courts. Toi, ça te va trop bien, mais j'ai peur, ça ne m'ira pas. » Je pense à MV avec qui nous avons discuté longuement de ses craintes capillaires, car passer pour la toute première fois des cheveux très longs à courts n'est pas évident. Je n'ai jamais nié cette réalité, je l'ai juste apprivoisée avec le temps et les expériences. Elle s'est sentie si triomphante d'être ressortie de chez le coiffeur avec une coupe asymétrique, quelques centimètres d'un côté contre dix à quinze de l'autre. Dans un état de contentement tel qu'elle a partagé avec moi des photos sur l'instant. Quel bonheur de voir ce ravissement sur son visage !

QUE MES CHEVEUX DÉTEIGNENT !

Mon nez est une affreuse protubérance mal bâtie. Il est gros, large, un peu épaté en bas et à l'inverse fin en haut. À cause de cela, j'ai un mal fou à trouver des lunettes qui tiennent sur mon pifou. Très myope, je dois non seulement privilégier des montures qui supporteront avec le plus d'élégance possible mes culs-de-bouteille, mais aussi ajouter dans l'équation l'étroitesse de mon nez pour sélectionner la bonne paire ! Fastoche, les doigts dans le... nez ! Je n'ai pas intérêt à me planter sous peine de répéter ce mouvement que tant de bigleux et bigleuses connaissent : les remonter avec l'index ou en fronçant le nez (ce qui n'arrange rien à sa laideur) ! Comme si cela ne suffisait pas, il est maculé de points roux, des « petites lentilles » comme me dit maman avec affection. L'expression « ça se voit comme le nez au milieu de la figure » aurait-elle été inventée pour des tarins comme le mien ? Ah ! je me suis vexée au point de bouder toutes les fois qu'on s'est moqué de lui ! J'aurais adoré avoir le joli nez fin que l'inconscient collectif, les philosophes grecs et l'histoire attribuent à Cléopâtre (pas de bol, il est déjà pris, j'avais juste eu les cheveux un jour). Ou bien encore les beaux petits nez tout mignons des mannequins ou actrices dans les magazines. Non, j'ai plutôt l'impression d'avoir celui de Cyrano. Les complexes de beauté sont probablement immémoriaux, mais l'avènement de la chirurgie esthétique nous a foutu·e·s dedans ! L'être humain a réussi à s'imposer pour lui-même des normes physiques et esthétiques impossibles à atteindre sans avoir recours au bistouri. Faute d'argent, les « exclu·e·s » de cette norme finissent par en souffrir. Au lieu d'apprendre à vivre sereins et sereines dans son corps, nous voudrions avoir les cheveux de Blake Lively ou de Penélope Cruz, le corps fuselé et les longues jambes d'Adriana Karembeu ou encore les beaux yeux d'Elizabeth Taylor. Ou, pour vous Messieurs, les muscles de Chris Hemsworth, la génétique de Brad Pitt, ou le charisme insolent mêlé à la jeunesse éternelle de George Clooney. Adolescente, j'avais beau avoir additionné l'ensemble de mes enveloppes de Noël et d'anniversaire, j'étais encore loin du compte. Pourtant, ce nez est le mien, il me sert à quelque chose, alors je vais essayer de faire la paix avec lui. Bon an, mal an, il est tombé dans l'oubli. Je l'ai laissé travailler à sa fonction première : me permettre de respirer au lieu de me préoccuper de sa repoussante beauté toute subjective. Il traduit mes origines familiales : je n'ai pas eu les beaux yeux vert d'eau de papa, mais hérité de son gros nez. Il m'a fallu près de trente ans, et cette coupe de cheveux peu orthodoxe, pour faire la paix avec moi-même. Apprenant à travers l'absence de cheveux à apprivoiser mon crâne, mon visage, mon nez. Quelque chose de bien plus important de plus imposant, l'avait *détron-nez* ! Il a cessé d'être une obsession, il est.

Et comme un unique complexe ne saurait suffire, laissez-moi aborder la question des nénés ! J'aimerais tellement avoir les jolis seins de Sophie Marceau. Oui, tant qu'à rêver, je vise très haut. Aucun sein n'est trop parfait pour moi. Des seins ni trop gros ni trop petits, en forme de pommes avec un joli mamelon regardant vers le ciel, des seins sur lesquels la gravité n'aurait aucune influence. Douche froide ! Mes seins sont tout sauf ce que je viens de décrire. Pour commencer, ils ont été bien trop précoces en comparaison de ceux de mes camarades de classe. Marraine la bonne fée de la puberté s'est lourdement penchée sur mon cas dès le CM2. À dix ans, j'étais prête : les règles, *check*[1], les seins bien formés et visibles, *check*. J'aurais fait fureur dans la course au mariage au Moyen Âge. Je n'ai pas terminé d'être une enfant que, comme tant d'autres avant moi, il faut désormais vivre avec tout cet attirail dont je ne veux pas. En quoi cela pouvait-il être un problème ?

Allez donc en parler aux mômes de dix ans pendant les cours d'éducation physique et sportive. Certains garçons s'étaient créé leur propre définition de ce que devait être un cours d'éducation *physique*. Ils omettaient très facilement le côté sportif de la séance : alors que chacun des élèves attendait en ligne son tour de sprint, ils en profitaient pour reluquer sans vergogne les filles déjà pubères. Voir les juvéniles seins rebondir, alors que les hormones les titillent, il n'y a que ça de vrai. Leurs meilleurs souvenirs sont mon pire cauchemar. En parallèle de quoi je devais faire comprendre aux filles dans les douches collectives après cette même course que, non, ce n'est pas nécessairement une *chance*, pour reprendre leurs termes. Pendant qu'elles ne rêvaient que des leurs qui n'avaient pas encore pointé le bout du téton, je devais déjà supporter les miens. J'aurais préféré pouvoir courir sans contraintes, sans devenir un aimant à ados boutonneux. Pas simple d'être un petit gabarit avec une forte poitrine, intello à lunettes posées sur nez très fin en haut mais bien épaté en bas. À seize ans déjà, j'espérais pouvoir m'offrir une réduction mammaire. Et les réseaux sociaux ne peuvent servir de bouc émissaire pour l'apparition des complexes, ils n'existaient pas encore ! Ras le bol des mecs qui passent leur temps à dévorer des yeux ces excroissances dont je me serais volontiers passée. J'étais toujours obligée de sonder les réelles motivations des garçons qui manifestaient ne serait-ce qu'un petit intérêt à mon égard : toi mon cher,

1. En anglais, terme utilisé pour dire qu'un élément d'une liste a été coché. « C'est fait », en français.

je ne suis pas sûre que ce soit mon intellect qui t'attire. Les premiers rapports sexuels entraînent avec eux les premières prises de contraceptif hormonal. Les cartes sont alors rebattues, merci l'effet yoyo qui impacte considérablement la morphologie du corps. Résultat : j'ai connu en moins de dix années consécutives toutes les tailles ou presque de soutien-gorge entre 85C et 95E. J'aurais dû ouvrir une boutique avec un tel stock !

Et tout comme les femmes qui veulent des cheveux raides quand elles les ont bouclés, je voue une admiration sans bornes à celles qui ont les seins que je désire tant. « Attends, tu ne te rends pas compte, tu peux ne pas porter de soutien-gorge si tu le souhaites sans que ça pendouille, mettre de superbes décolletés sans paraître vulgaire (car si tu as une forte poitrine et que tu oses porter un décolleté, tu es obligatoirement une salope en chaleur ; c'est imparable !) Tu peux choisir des soutiens-gorge sans baleine comme des brassières, tu n'as pas de soucis pour courir, aucun problème de maintien, de douleurs de dos ou d'épaules. Tu as cette chance de ne pas connaître la sensation de carcan qui t'étouffe pour éviter que tes seins ne soient pires que ce qu'ils sont déjà. Et alors que les armatures métalliques ont tenu le matos en place toute la journée, tu n'as qu'une envie le soir venu, celle de te libérer. Quelle jouissance absolue de dégrafer ton soutien-gorge, relâchant ainsi la pression sur tes côtes. Enfin je respire ! Alors à quoi bon ? »

Mes nénés ont fini par suivre le même chemin que mon nez. Hors de question de me faire opérer en cédant au diktat de la chirurgie. Entre-temps, j'ai trouvé un homme qui les aime suffisamment pour deux, alors je les ai occultés. Je n'y pense plus et comme toute femme qui se respecte, je fais ce que l'on m'a appris : mettre le matin et retirer le soir mon joug de dentelles métallisé (quand j'ai envie de séduire, c'est la dentelle, le coton pour le quotidien reste bien plus confortable. Mais je voudrais aussi pouvoir séduire avec du coton !). Tout cela parce que j'ai des seins et que je suis une femme. Puis je me suis rasé la caboche. Ne parlons pas de mesures draconiennes, je n'ai pas brûlé toute ma lingerie au même moment ! Le temps est indispensable pour apprivoiser les changements. Bienheureusement, moi et mon système normatif et de pensée avons réussi à évoluer.

J'ai d'abord entendu que les femmes étaient de plus en plus nombreuses à reléguer leurs soutifs au tiroir. En parallèle, les industriels ont enfin compris que de belles brassières n'étaient pas un apanage réservé aux petites poitrines. Ils ont élargi leur gamme en proposant presque tous leurs modèles dans toutes les tailles, et on recommence à voir des soutiens-gorge sans armatures ! La vie fait le reste, maintenant que je suis plus réceptive, car sans tignasse pour me boucher la vue. Parler avec les bonnes amies, au bon moment jusqu'à ne plus porter de soutif tous les jours. Essayer, expérimenter une autre forme de liberté. D'abord dans le cadre intime et sécurisant de mon domicile, je ne vais tout de même pas sortir comme ça pour commencer. Je dois prendre confiance et puis mettre un pied devant l'autre, pour que les petits pas se transforment en grandes enjambées. Jusqu'à pouvoir porter des robes d'été sans autres sous-vêtements qu'une culotte. De la même manière que la tête rasée n'est pas réservée aux hommes, aux femmes homosexuelles, ou à celles ayant un joli visage ou un joli crâne, ou aux femmes noires, j'avais aussi le droit d'avoir des seins imparfaits et de ne pas me sentir obligée de porter ma camisole mammaire. Tout cela pour les maintenir dans une forme et une position qu'ils ne peuvent tenir sans cet artifice. Je m'autorise donc à vérifier pour moi-même si cela me convient. Je continuerais si j'en éprouve encore l'envie. Et si cela me soûle de m'épiler les jambes tous les trois jours eh bien je n'ai qu'à arrêter. Qu'est-ce que cela peut faire tant que je me sens bien ? Pourquoi vouloir se forcer à agir autrement ? Pas pour son ou sa conjointe, pas pour les parents, les oncles, les tantes, les professeurs et professeures, les ami·e·s, les industriels du vêtement, du maquillage. Assez de faire pour les autres, faire pour soi. Avant même d'aborder le sujet *Free the Nipple*[1] et de réaliser que des femmes parvenaient à renoncer au soutien-gorge, j'avais déjà compris que la société imposait au monde sa vision de ce qu'est le sein. Nous ne sommes plus familier·ère·s de leur diversité à force de voir partout ce même sein parfait et idéalisé qui nous fait tant culpabiliser si le nôtre diffère d'un iota. Les femmes elles-mêmes ne connaissent plus les différentes réalités du sein à cause des soutiens-gorge qui tendent à les rendre tous similaires et uniformes tout en cachant ce téton qu'il ne faut surtout plus voir pointer. Pire encore lorsque les marques ou les publicitaires les effacent tout bonnement si le soutien-gorge est transparent. Et que fait-on des hommes ? Eux aussi ont des tétons, qui peuvent apparaître parfois sous les tee-shirts de coton.

À l'occasion du mariage d'un couple d'amis de mon époux, je m'étais mise en quête d'une tenue de circonstance. J'avais la fraîche vingtaine. Mon dévolu se porte sur une robe vieux rose élégante, avec une partie ajourée en dentelle de coton brodé blanc sur l'avant, un grand décolleté dans le dos, le tout dans une jolie matière fluide imitant la soie à la perfection. Seul bémol : impossible de mettre un soutien-gorge, qui se verrait beaucoup trop à l'arrière, gâchant l'esprit de la tenue. Quelle frustration, je la trouve si jolie ! Je souffre déjà d'avoir des seins disgracieux qui seraient d'autant plus visibles sans soutien-gorge, mais je dois en plus me priver de porter une belle toilette. C'est la double peine. Je suis tiraillée entre l'envie de la porter et l'impossibilité absolue de retirer ce foutu soutien. Je me décide tout de même à l'essayer. En entrant dans la cabine, je me suis fait la promesse solennelle de

1. *Freethenipple* (ou « Libérez le téton ») est à la fois un film, un mouvement égalitaire et une mission pour valoriser l'image du corps de la femme dans le monde. Encouragé par de nombreuses stars telles Rumer Willis ou Cara Delevingne, le mouvement s'est vu censuré par les réseaux sociaux comme Facebook et Instagram – Source : *ELLE* Belgique : *https://www.elle.be/fr/45173-freethenipple-quest-ce-cest.html.*

me concentrer sur ce qui m'allait bien avec cette robe : le magnifique décolleté laissant entrevoir mes dorsaux, la couleur seyante pour mon teint, l'arrière de la jupe soulignant élégamment ma taille. Tant pis pour le devant où je vois flotter deux masses informes. Je la prends.

Le Jour J arrive, et tout ne se déroule pas exactement comme prévu. Alors que j'ai déjà enfilé ma robe pour m'apprêter, je fais cet effroyable constat : mes seins pointent sans arrêt le bout de leurs tétons. Je n'y avais pas particulièrement prêté attention lors de mes essayages en cabine puisqu'on ne bouge pas pour se regarder ! La température y était par ailleurs douce, donc aucun risque de contraction de mes seins. Trop tard. Que ce soit pour me rabattre sur une autre tenue (je ne suis déjà plus chez moi), encore moins pour l'échanger, nous devons nous rendre à la cérémonie dans moins d'une heure. Je me refuse à sortir ainsi, vite, vite, un miracle. Les fameux cache-tétons existaient bien sûr, mais uniquement sur le Web. Impossible de m'en procurer dans le temps imparti. Nous vivions déjà une époque formidable puisque l'on assistait également aux débuts de la commercialisation de cette horrible chose toute molle, gluante et collante censée nous tenir la poitrine : le soutien-gorge en silicone. Il faut imaginer comme un moule en gelée couleur chair que l'on vient plaquer sur les seins. Bien entendu, ces coques ont tout sauf la forme d'un vrai sein puisqu'ils occultent totalement l'existence dudit téton et de l'aréole autour. Le but assumé de cette monstruosité est bien de tout cacher, tout en essayant de faire croire que les seins tiennent la position, seuls. La poitrine se transforme alors en ce corps pudique des mannequins de cire cloîtrés derrière les vitrines des magasins. Là encore cette solution est impossible à considérer, car les quelques tailles disponibles de ces moules à muffins sont toutes trop petites pour moi. Et, avec le recul, quelle aubaine !

Ô sainte Rita, patronne des causes désespérées, aie pitié ! Plongée dans le désarroi devant l'absence de manifestation divine, je me rabats sur ce que j'ai à portée de main ;

un objet se trouvant dans toutes les maison ou presque. Il peut aussi bien servir à joindre deux feuilles entre elles qu'à réparer un objet cassé. Bingo : du ruban adhésif. Un vulgaire Scotch de bureau à sortir par fragments de son dévidoir. Les petits morceaux que j'appose sur mes tétons ont l'air de bien faire l'affaire. Du moins au début. Mais au bout d'une heure ou deux, l'effet de dissimulation de téton disparaît à son tour. Il est essentiel de préciser à ce stade que si, lors d'un mariage, je pouvais me permettre une robe dos nu, c'est que la météo était plutôt clémente. Ajoutez la chaleur de mon corps conjuguée à la sudation et c'est la fonte de la colle assurée, rendant inutile un ruban plus si adhésif que cela. Mais même dans une situation aussi foireuse, j'ai la présence d'esprit de penser à un plan B : des pansements. La nénette n'assume pas son corps, mais elle a de la suite dans les idées. À mesure de cet inconfort grandissant dû à ce Scotch qui se décolle, je vais me réfugier aux toilettes pour remédier au problème. Lors de cet arrêt aux stands, je comprends rapidement ma connerie. Non adapté à la peau, l'adhésif m'a causé d'importantes rougeurs. Championne du monde de F1 du crétinisme. Au moins, je ne risque pas d'empirer la situation, étant donné que les pansements sont *conçus* pour coller à la *peau, eux*. En revanche, je suis très mal : bien loin de dissimuler la forme de mon mamelon, le pansement en épouse parfaitement la forme. Nous sommes alors à peine à la fin du cocktail, j'ai encore tout le dîner et la soirée dansante à tenir !

Résignée, j'arrache, dans un aveu d'impuissance sourd, les pansements d'un coup sec. Il paraît que cela fait moins mal comme ça. Auriez-vous en revanche une méthode efficace pour me laver de la honte qui me submerge ? Toutes ces simagrées pour en arriver là.

J'ai l'impression que les invités feront tous une grosse fixette sur mes vilains seins. Vite, un trou dans lequel me terrer. À défaut, je me suis enfoncé la tête dans les épaules, elles-mêmes avachies et recourbées. Je remets ma veste, prétextant avoir froid. Je tente de m'habituer à cette situation d'inconfort, dont je suis la seule responsable. Mais qu'est-ce qui m'a pris, putain ? Pourquoi ai-je insisté pour prendre cette robe ? Devant mon embarras, mon homme m'inonde de compliments et de blagues afin de dédramatiser la situation. Cela fonctionne, je me laisse gagner peu à peu par le tourbillon de la fête jusqu'à rejoindre les convives sur la piste de danse. Tant pis, je swingue, je virevolte, je tourne, mes seins n'ont qu'à suivre le mouvement. Au début, j'ai envie de les tenir, car sans y être habituée, des gros seins qui sautillent dans tous les sens, c'est quelque peu douloureux et désagréable. Puis je lâche prise : ni les tenir, ni *me* retenir. Je ne m'en préoccupe plus, parce que je refuse en bloc de me priver de m'amuser à cause de mon choix d'une robe trop audacieuse au regard de ce que j'étais capable d'assumer. J'ai gagné. J'ai réussi à porter quelque chose sans soutien-gorge.

Sauf que cet événement s'est produit une seule et unique fois en dix ans. Jusqu'à réaliser d'où venait le blocage, qu'une autre voie était possible. Je dois prendre le temps d'essayer de ne pas avoir de soutif, réellement. Mon choix n'était pas trop audacieux par rapport à ce que j'étais capable d'assumer. Non. Le regard de la société m'avait enfermée dans ce précepte qu'une femme *devait* porter un soutien-gorge. Et, dans le même temps, la mode m'envoyait un autre message : seules les femmes ayant de beaux petits seins qui se tiennent bien vont acheter cette robe. Elle n'est pas pour toi. *Toi, tu n'as pas le droit.* STOP, parle à ma main ! Je me donne l'opportunité de m'habituer à une autre forme de seins que celle fixée par nos sous-vêtements, les magazines, la société dans son ensemble, d'accepter que l'on devine que je ne porte parfois pas de soutien-gorge. Et de me convaincre que les poires sont d'aussi beaux fruits que les pommes. Leur saveur est certes différente mais, arrivés à maturité, ils sont tous deux aussi savoureux !

Une fois encore, j'étais pétrie de multiples préjugés envers les femmes, moi en première ligne. Je faisais partie de celles qui veulent cacher leurs seins. Quelle hérésie !

Coupons-nous directement les seins, ce sera plus radical. Là, plus de risque de deviner un téton ni même un sein. Pourtant, depuis les débuts de l'humanité, nous le savons : les hommes comme les femmes ont une poitrine (certes celle des femmes a également une fonction nourricière, mais les femelles singes ne portent pas de soutien-gorge que je sache !). J'ai dû avoir le crâne rasé pour réfléchir à toutes ces constructions qui me desservaient plutôt que de comprendre que j'avais le pouvoir d'agir dessus. Vous n'avez peut-être pas envie d'en arriver à cette mesure qui peut encore vous sembler drastique, même si je souhaite dédramatiser la chose en en montrant toutes les facettes. J'ai perdu de la longueur, mais j'ai gagné tellement plus : mieux comprendre mes motivations profondes à faire des expériences, que ce soit sur mes cheveux, mes vêtements, et plus largement ma façon de vivre. Faire des choix en pleine liberté et connaissance de cause, aider à faire réfléchir et réagir quand j'entends dans la rue : « Va mettre un soutien-gorge » de la part d'un homme, ou pire lorsqu'une femme le dit à une autre (car là non plus Mesdames, nous ne sommes pas tendres entre nous, personnes du même sexe et faisant pourtant face aux mêmes problématiques), s'offusquant à la vue bien réelle d'un sein tel qu'il est vraiment. Pas parfait, pas toujours rond, ni plein, ni ferme. Mais tel qu'il est dans sa diversité réelle.

Ce crâne rasé n'a pas échappé à la règle de toutes les autres coupes que j'avais expérimentées. Comme pour chacune, j'étais toujours la même femme, tout en étant différente. En revanche, j'avais fait, cette fois-ci, une sacrée mise à jour ! J'étais passée de la version v.4 à la v.8 de ce célèbre téléphone appréciant plus les pommes que les poires, et cela en une seule fois[1]. Quelle sera la prochaine coupe ? C'est une excellente question à laquelle je n'ai

1. Les téléphones Apple© ont un logo en forme de pomme, comme un sein idéal, là où les miens sont plutôt des poires ! Par ailleurs, passer d'une v.4 à une v.8 en une seule fois signifie un changement radical. Un joli écho à mon crâne dénudé et à mes seins en même temps en somme.

pas cherché ni trouvé de réponse. « Est-ce que tu es stabilisée désormais ? » Ah ah, l'expérience m'a démontré le contraire. Pourrais-je trouver au moins aussi provocateur pour éveiller ma conscience et celle de tous ceux et toutes celles qui croiseront ma tête ? Difficile à dire. Me raserai-je le crâne de nouveau ? C'est une certitude.

Les cheveux sont prétexte à bien plus grand.

Entrer au chausse-pied dans une gaine ? Cela peut être une idée si l'on veut que son bourrelet d'amour remonte par-dessus l'élastique. Alors autant se laisser respirer, n'est-ce pas ? Surtout si le but est de séduire, pourquoi retarder la rencontre avec sa personnalité authentique et vouloir ressembler avant à celle que l'on ne peut être sans s'imposer des heures de sport et des régimes toujours plus frustrants. Être culottée de ne pas la porter. Et si vraiment cela fait du bien à quelqu'un d'être comprimé là-dedans, c'est un choix à respecter s'il est fait en toute liberté !

S'épiler ou non les aisselles, arracher ses poils de jambes ou les caresser dans le bon sens, épiler ses sourcils ou se la jouer comme Frida Kahlo, teindre un petit duvet de moustache trop brun ou laisser la pilosité s'exprimer. À poils ou sans poils ? ! Dans tous les cas, c'est très doux.

Teindre ses cheveux en rose, bleu, vert, blanc, violet, ou même licorne ! Paraît-il que c'est la dernière mode. Si cela vous donne envie, allez-y ! Après tout, j'ai déjà essayé, gris et rose ! Mettre une perruque, en changer tous les jours et faire des fantaisies au quotidien !

Porter une brassière ou un soutien-gorge, avec ou sans baleines. Quelle idée d'avoir choisi un nom pareil, *baleine*[1] ! C'est tout sauf attrayant lorsqu'on considère avoir une forte poitrine. Ou encore pour davantage de liberté, rien d'autre qu'un vêtement par-dessus ses seins ! Une jolie môme toute nue sous son pull !

---

1. Les toutes premières baleines étaient fabriquées à partir de fanons de baleine. Leur nom a subsisté après le remplacement de cette matière par du métal.

Avoir les cheveux longs, mi-longs, courts, bouclés, crépus, lisses, colorés ou non. « Je fais ce que je veux avec mes cheveux. » Par extension avec mon corps aussi. Et pour celle et ceux que cela ennuie, tant pis. Il s'agit de mon corps et non du vôtre.

Enfiler des collants opaques au minimum quarante deniers et pas de couleur chair, car pour certaines, ce n'est pas acceptable. Oui, bah moi, je fais ce que je veux : si je veux marcher en faisant des « *fashion* faux pas[1] », cela me regarde.

Aimer le même sexe, l'opposé, ou les deux à la fois. Quoi que vous fassiez, sortez couvert·e !

Passer une jupe ou un pantalon ? Un choix cornélien que seules les femmes ont la joie de connaître. Ou pourquoi pas une jupe par-dessus le pantalon lui-même ? Ça se défend bien en hiver par moins dix degrés. Après tout, les collants ne sont que des pantalons plus fins, non ? Et si ces messieurs veulent enfiler une jupe, faites ! Sachant que l'été, c'est encore plus agréable.

Profiter du célibat, avoir un partenaire mais ne pas vouloir se marier, vouloir se marier (vêtue comme une princesse en robe longue ou en tenue décontractée et baskets), ne pas vouloir d'enfant ou en vouloir pléthore, les adopter ou les concevoir autrement.

Savourer un steak juteux, ne pas manger de viande, ou même devenir flexitarien s'il est trop difficile de choisir un camp !

Se percher sur des talons parce que c'est plus séduisant ou parce que « je suis trop petite et, ainsi, je n'ai pas besoin de faire d'ourlet à mon pantalon » même si je manque de me tordre la cheville quand je monte ou descends les escaliers. Prendre des risques, des vrais. À l'inverse, arrêter de s'interdire de mettre des talons parce que « je suis trop grande », que « je travaille avec beaucoup d'hommes et que ces derniers vont se sentir inférieurs ».

1. Eh oui, les diktats des Tables de la Loi édictés par la papesse de la mode ne sont jamais bien loin.

Mais s'ils le ressentent, à eux de gérer ce problème. À chacun de travailler sur la confiance en soi. Que font donc les hommes qui sont plus grands que d'autres hommes ? Ils ne se coupent pas les jambes ou ne se déplacent pas à genoux que je sache ? Alors si les grandes veulent aussi se tordre les chevilles dans les escaliers, allez-y les *girls*. Et les petits mecs n'auront qu'à apprendre à gérer leur ego ou mettre des talonnettes.

Je pourrais dérouler cette liste mais, d'une part, elle serait infinie donc rapidement ennuyeuse (n'est pas Prévert qui veut), d'autre part, je risquerais de paraître injonctive, j'aurais tout raté. Mon but est exactement de faire le contraire. Chacun·e doit construire son propre inventaire de ses commandements afin de s'interroger sur les raisons profondes qui le·la poussent à y répondre. Il faut faire, il ne faut pas faire, en tant que femme, ou homme, tu dois faire si mais pas cela. J'en ai ras les cheveux ! Nous ne sommes plus des enfants à qui l'on chanterait du Jacques Dutronc à longueur de temps : « Fais pas ci, fais pas ça ! » Se sentir convaincu·e. de ses choix offre l'assurance nécessaire de les assumer. Bien sûr, j'ai essuyé plâtres, gadins, commentaires, j'ai été heurtée, blessée mais aussi encouragée, soutenue, j'en ai tiré un bénéfice incommensurable. Jusqu'à oser partager avec vous, honorables lectrices et lecteurs, mon expérience échevelée. J'ai envie qu'elle bénéficie à celles et ceux qui appréhendent la chute de leurs cheveux, celles qui ont l'interdiction de se les couper, celles dont le·la partenaire ne veut pas qu'elles les coupent trop court, ou trop souvent, ou qu'elles fassent telles couleurs jugées trop excentriques. Je pense à toutes celles et à tous ceux qui y songent très souvent sans oser l'exprimer. Pour toutes celles et tous ceux qui veulent mais n'osent pas.

Coupez !

REMERCIEMENTS

Je tiens à vous présenter, chers lecteurs et chères lectrices, ma gratitude la plus sincère. Vous avez choisi de lire mon premier livre, vous m'avez accordé cette formidable opportunité de vous raconter une tranche de vie. Je vous félicite d'avoir supporté l'écriture inclusive et mon humour. Je poursuis le secret espoir de vous avoir diverti·e·s, fait plaisir tout autant que d'avoir contribué à votre réflexion quant à la différence physique de toute nature. Si vous avez apprécié ce moment en ma compagnie, parlez-en autour de vous, faites savoir au plus grand nombre que la beauté ne se résume pas qu'à des cheveux, qu'à des stéréotypes de genre, de couleur de peau, ou à tout autre cliché. Merci à vous !

Dans mon univers de débutante, cette page finale sonne comme une récompense aux Oscars, aux Molières, voire au prix Goncourt (oui, je rêve grand !). Alors, comme le veut la tradition, je salue mes parents, sans qui je n'aurais donc pu écrire mon chef-d'œuvre. Papa, je te remercie d'avoir réagi avec tant de candeur : « Il faut juste que tu te trouves un éditeur ! » Ton attitude m'a permis de ne pas me décourager sur le prérequis : écrire. Merci Maman de ne pas m'avoir dissuadée de dévoiler une part de mon intimité, et donc un peu de la vôtre par la même occasion.

Je pense en cet instant à mes relectrices acharnées et surtout amies. Ma promesse est tenue : Maryvéronique Lecoq, Céline Lemercier, Stéphanie Leroy et Marianne Paoli. Vos commentaires ont été précieux au point de rendre ma proposition bien plus intelligible, et surtout plus pétillante. Votre soutien indéfectible fut mon phare dans les moments de doute. Pour tout cela et bien davantage, recevez ma reconnaissance éternelle en sus !

Merci à toutes celles et à tous ceux qui m'ont encouragée sur mon chemin d'écriture : Marie, Stéphanie, Caroline, Sophie, Céline, Rachel, Lorie, Marion, Delphine, Amina, Tony, le meilleur coach au monde, Clémence, mes *buddies* Stéphanie, Marie-Amélie, Élise et François, ma coiffeuse et mon coiffeur Christelle et Julien. Je suis désormais convaincue : ma « folie » est une forme de confiance. Je remercie également toutes les personnes qui pensaient mon projet sans intérêt. Grâce à vous, j'ai cultivé la persévérance en mon for intérieur. Parce que c'est sûrement la plus ardue à trouver et à entretenir, c'est sans nul doute la plus efficace. Il y aura toujours des sceptiques, à moi de ne pas être celle-là.

Merci Margaux d'avoir écouté mon aventure au point de vouloir m'aider. Cela a marché ! Merci Pauline, tu as joué un rôle clé d'intermédiaire pour amener ce projet à Sandrine Navarro, mon éditrice. Chère Sandrine, je te suis reconnaissante de m'accorder ta confiance. J'entrevois le meilleur pour notre collaboration, actuelle et future. Un grand merci à toutes les personnes qui ont travaillé de près ou de loin à l'édition de ce livre. Immense merci également à tou.te.s les protagonistes de ce récit, les anonymes comme celles et ceux qui se reconnaîtront sans doute. Oui, les mésaventures font les histoires à raconter. Merci à vous collègues, client·e·s, ami·e·s, famille que j'aime tant : sans vos réactions, pas de livre.

Je garde toujours le meilleur pour la fin. Merci à toi, Amour de ma vie, d'embellir chaque jour, de parvenir à me faire rire même quand mes yeux sont embués. Ton soutien de tous les instants et ta confiance m'ont donné la force ; je voulais être à la hauteur, aussi, pour toi. Ce livre te rend hommage. Tu as toujours créé les conditions propices à mon épanouissement, à ce que j'écoute ma voix : de me raser le crâne jusqu'à en écrire l'histoire. L'Égalité entre les genres gagnerait à prendre exemple sur le respect que tu témoignes aux femmes et, plus généralement, à l'Altérité. Ton papa avait raison, pour nous, c'était écrit. Je t'aime.

BIBLIOGRAPHIE

OLIVERES-GHOUTI C., *Les Cheveux et les Ongles*, H. Veyrier, coll. « Santé », 1981.

FUTORANSKY L., *Cheveux, toisons et autres poils*, Paris, Presses de la Renaissance, 1991.

FEIXAS J., Pierrat E., *Les Petits Cheveux : histoire non convenue de la pilosité féminine*, La Musardine, 2017.

MONESTIER M., *Les Poils : histoires et bizarreries des cheveux, des toisons, des coiffeurs, des moustaches, des barbes, des chauves, des rasés, des albinos, des hirsutes, des velus et autres poilants trichosés*, Paris, Le Cherche Midi, 2002.

DAYAN-HERZBRUN S., « Cheveux coupés, cheveux voilés », dans *Communications*, thématique « *Beauté, laideur* », n° 60, 1995, p. 165-183.

WEBOGRAPHIE

https://www.persee.fr/doc/comm_0588-8018_1995_num_60_1_1917

https://www.francetvinfo.fr/replay-jt/france-2/20-heures/la-greffe-de-cheveux-le-nouvel-eldorado-de-la-chirurgie-esthetique_878979.html

https://www.francetvinfo.fr/sante/esthetique-le-business-juteux-de-la-greffe-de-cheveux_3847925.html

https://www.nouvelobs.com/rue89/nos-vies-intimes/20171122.OBS7669/sous-le-crane-des-chauves-il-y-aura-toujours-des-problemes-plus-graves.html

TABLE DES MATIÈRES

FSC
www.fsc.org
MIXTE
Papier issu
de sources
responsables
FSC® C022829

Cet ouvrage est composé de matériaux issus de forêts bien gérées certifiées FSC®, de matériaux recyclés et de matériaux issus d'autres sources contrôlées.
Le Forest Stewardship Council® est une organisation internationale non gouvernementale qui encourage une gestion écologiquement adaptée, socialement bénéfique et économiquement viable des forêts de la planète. Pour en savoir plus, consultez le site www.fsc.org

Achevé d'imprimer en avril 2021
sur les presses de la Nouvelle Imprimerie Laballery
58500 Clamecy
Dépôt légal : mai 2021
N° d'impression : 102498

Imprimé en France

La Nouvelle Imprimerie Laballery est titulaire
de la marque Imprim'Vert®